TANJA DUSY
INGA PFANNEBECKER

VEGGIE FOR FUTURE

150 REZEPTE & GUTE GRÜNDE, KEIN FLEISCH ZU ESSEN

NACHHALTIG.
RESTLOS.
GLÜCKLICH.

EMF

EIN BUCH DER
EDITION MICHAEL FISCHER

INHALT

Veggie for Future 6

Essen für die Zukunft 8

5 gute Gründe, weniger Fleisch zu essen 9

Ein guter Grund, wenig(er) Fisch zu essen 11

2 extrem wichtige Gründe, (mehr) vegetarisch zu essen 12

Besser kochen 14

Der Saisonkalender 16

Mehr Durchblick beim Einkaufen 20

Veggie ist nicht alles 22

Nussiges Vollkornbrot, Seite 42

FRÜHSTÜCK UND ABENDBROT **29**

Guten-Morgen-Granola 30

Porridge mit Pfirsichkompott 32

Grüner Smoothie 36

Future-Kids-Smoothie 36

Himbeer-Sesam-Shake 37

Hummus 40

Indische Linsencreme 40

Erbsencreme mit Minze 41

Nussiges Vollkornbrot 42

Eier-Sandwich 46

Tofu-Avocado-Sandwich 46

Sandwich mit Möhren-Frischkäse 47

Käse-Tomaten-Omelett 50

Kichererbsen-Omelett 50

Saftiges Tofu-Rührei 51

Grüner Smoothie, Seite 36

Blumenkohl-Döner, Seite 60

Fruchtiger Linsensalat mit Schafskäse, Seite 88

SNACKS UND FAST FOOD 53

Kichererbsen-Wraps 54

Caprese-Toast 56

Ofen-Baguettes mit Salat 58

Blumenkohl-Döner 60

Halloumi-Aubergine-Burger 62

Linsenburger-Pattys 66

Kichererbsen-Burger-Pattys 66

Indischer Blumenkohl-Burger 67

Chili-Soja-Tacos 68

Paprika-Quesadillas mit Sour-Cream-Dip 70

Zucchini-Kroketten mit Joghurt-Dip 72

Mini-Gemüse-Tortilla 74

Mini-Gemüse-Tortilla, Seite 74

SALATE, SUPPEN UND EINTÖPFE 77

Frühlings-Kartoffelsalat 78

Sommer-Brotsalat 80

Herbstsalat mit Kürbis 82

Warmer Winter-Gemüsesalat 84

Roter Glasnudelsalat mit Omelett 86

Fruchtiger Linsensalat mit Schafskäse 88

Selleriesuppe mit gebratenen Pilzen 92

Lauchsuppe mit Nuss-Croûtons 92

Möhrensuppe mit Harissa-Nüssen 93

Bunte Bohnensuppe mit Pesto 96

Gemüsebrühe-Vorrat 97

Kokos-Curry-Ramen mit Ei 98

Veggie-Borschtsch mit Buchweizen 100

Chili-sin-Carne-Eintopf mit Käse-Tortilla 102

Steckrüben-Kichererbsen-Curry mit Joghurt 104

Dal mit Zimt-Tomaten 106

Veggie-Borschtsch mit Buchweizen, Seite 100

Linsenbolognese mit Walnüssen, Seite 136

Kartoffel-Kürbis-Flammkuchen, Seite 168

AUS PFANNE UND TOPF 109

Kohlrabischnitzel mit Waldorfsalat 110

Pilz-Kürbis-Geschnetzeltes mit Polentasticks 112

Endivien-Stamppot mit Senf-Spiegelei 114

Pilz-Schmortopf à la Bourguignon mit Polenta 116

Italienische Lauch-Fritter mit Tomatensalsa 120

Kichererbsen-Puffer mit Zaziki 120

Grüne Erbsen-Pancakes mit Kräuterquark 121

Chinakohl-Rouladen mit Couscous 122

Roasted Carrots mit Schafskäse und Sesamsauce 124

Tex-Mex-Ofen-Süßkartoffel 126

Indische Ofenkartoffeln 128

Bunte Chickpea-Pasta mit Gemüsesauce 130

Nudeln mit Brokkoli-Pesto 134

Spaghetti alla Veggie-Carbonara 134

Penne mit Tomaten-Rahmsauce und Walnüssen 135

Linsenbolognese mit Walnüssen 136

Veggie Fried Noodles mit Sojaschnetzel 138

Auberginen-Shakshuka 140

Dinkelrisotto mit Spinat 142

Nasi Goreng 144

AUS DEM OFEN 147

Ofenrisotto mit Kürbis und Räuchertofu 148

Vegan Shepherd's Pie 150

Dutch Baby – Ofen-Pfannkuchen mit Spinat 152

Blumenkohl-Mac'n'Cheese 154

Spinatlasagne 156

Hirseauflauf mit Spinat und Kirschtomaten 158

Kürbis-Kräuter-Kuchen 160

Zucchini-Lauch-Pastete 162

Mangoldquiche 164

Spitzkohl-Strudel mit Schafskäse 166

Kartoffel-Kürbis-Flammkuchen 168

Herzhafte Gemüsegalette mit Schafskäse 170

Roasted Carrots mit Schafskäse und Sesamsauce, Seite 124

Spitzkohl-Strudel mit Schafskäse, Seite 166

Apfel-Brot-Auflauf, Seite 178

SÜSSSPEISEN UND DESSERTS 173

Rote-Grütze-Pudding 174

Schneller Beeren-Couscous 176

Apfel-Brot-Auflauf 178

Kirsch-Nuss-Clafoutis 180

Birnen-Grieß-Auflauf 182

Banana Bread 184

Register 186

Literaturangaben 190

Autorinnen & Fotografin 191

Rote-Grütze-Pudding, Seite 174

Kirsch-Nuss-Clafoutis, Seite 180

Blumenkohl-Mac'n'Cheese, Seite 154

VEGGIE FOR FUTURE

„Unser Haus brennt" – das haben die meisten von uns inzwischen erkannt. Genau wie Greta Thunberg und andere Umweltaktivist*innen sehen wir die Erde massiv bedroht und fragen uns, ob und wie wir löschen können. Demonstrieren, um der Politik laut und augenfällig zu zeigen, dass es so nicht weitergehen darf, ist eine Möglichkeit. **Doch was können wir, jede und jeder Einzelne persönlich tun, um unseren Planeten zu retten?**

Diese Frage treibt sicher viele genauso um wie uns: Zwei Mütter, die mit ihren Kindern über die **Fridays-For-Future-Demonstrationen** diskutieren oder auch mitdemonstrieren und versuchen, auch nach den Demos etwas zu bewegen. Doch wo soll man anfangen? Es gibt so viele Baustellen. **Was nützt und was schadet, vielleicht sogar entgegen jedem guten Willen?** Den Kopf also einfach in den Sand stecken, im brennenden Haus sitzen bleiben und hoffen, dass die Feuerwehr kommt?

Für uns beide ist das keine Option. Wir sind überzeugt davon, dass wir selbst anfangen müssen, etwas im Kleinen, Privaten zu bewegen, selbst wenn die Politik lahmt – das sehen wir allein schon als Pflicht unseren Kindern gegenüber. Als langjährigen Kochbuchautorinnen war uns auch völlig klar, wo wir mit dem Löschen beginnen können, nämlich in der Küche, dort wo wir uns aus Berufsgründen besonders gut auskennen.

Unsere tagtägliche Ernährung, der teils unreflektierte Umgang mit Lebensmitteln und vor allem unser überdurchschnittlicher Fleischkonsum zieht mannigfaltige Umweltprobleme nach sich – das ist inzwischen verbreiteter Konsens. Hier können wir viel ändern und dazu möchten wir beitragen: mit diesem Buch **voll neuer, vegetarischer und teils veganer Rezepte, vielen Infos zu nachhaltiger Ernährung und Rat und Hilfe bei all den widersprüchlichen Informationen** rund um unser Ess-, Koch- und Konsumverhalten.

Wir können weder alle Fragen, Widersprüche und Probleme lösen noch können wir versprechen, dass das die Welt rettet. Aber wir möchten etwas Aufklärung leisten, das Bewusstsein und den Blick schärfen und alle dazu ermutigen, sich immer wieder aufs Neue zu informieren und zu fragen: Was kann ich selbst tun? Einen Teil dieser persönlichen Last versuchen wir durch dieses Buch abzunehmen. Durch **alltagspraktische Informationen und Rezepte**, die garantiert allen in der Familie vegetarische, nachhaltige Küche schmackhaft machen. Denn auch das ist uns als Müttern mit Beruf klar: Trotz Sorgen und Kümmern um die Zukunft, muss der gegenwärtige Alltag gemeistert werden.

Wer freitags für die Zukunft demonstriert, sollte anschließend **schnell und unkompliziert** etwas auf dem Tisch haben, was allen schmeckt – das war auch unser Credo für alle Rezepte in diesem Buch. **Und selbst wer sich entscheidet, einfach nur weniger Fleisch und Fisch zu essen – es ist ein Anfang.** Ein Anfang für eine neue, bessere Zukunft.

ESSEN FÜR DIE ZUKUNFT

Wer etwas für die Umwelt und den Klimaschutz tun will, vvkann und sollte bei sich zu Hause anfangen – in der Küche.

Es gibt viele Dinge, mit denen wir selbst etwas gegen Klimawandel und Umweltzerstörung tun können. Viele fangen im Kleinen an: Sie verzichten auf Flüge und machen Urlaub auf dem Bauernhof, lassen das Auto stehen und fahren mit dem Fahrrad oder haben den Stoffbeutel immer in der Handtasche, um Plastiktüten im Geschäft dankend abzulehnen. Alles Tropfen auf den heißen Stein, werfen Kritiker sicher ein. Doch wir sehen das gerade andersherum: Viele Tropfen ergeben ein ganzes Meer. Nichts tun oder sich darauf verlassen, dass andere etwas tun, ist fahrlässig. Jeder kann mithelfen und seinen Beitrag leisten.

Ein guter und extrem wichtiger Ansatzpunkt ist dabei unsere Ernährung. Denn auch uns war das in dieser Deutlichkeit nicht bewusst: Allein unsere Ernährung, die Lebensmittel, die wir essen oder auch wegwerfen, ihre Produktion und ihre Transportwege, die Zubereitung und Lagerung verursacht in Deutschland ebenso viel schädliches CO_2 wie Verkehr und Reisen. Hier sollten wir genauer hinsehen: Problemzusammenhänge erkennen und ein Gespür dafür entwickeln, was eher nützt und was schadet, und Lösungen auch im Kleinen zu suchen.

5 GUTE GRÜNDE, WENIGER FLEISCH ZU ESSEN

1 WIR ESSEN ZU **VIEL FLEISCH**

Stand der Braten bis zum Zweiten Weltkrieg nur an Sonn- oder Feiertagen auf dem Tisch, erwachte nach den von Hunger geprägten Kriegsjahren die Fleischeslust der Deutschen. Seit Beginn der Sechzigerjahre stieg der durchschnittliche Pro-Kopf-Verbrauch beinahe konstant von 60 auf rund 90 Kilogramm pro Jahr. Das ist fast dreimal so viel, wie die Deutsche Gesellschaft für Ernährung (DGE) empfiehlt.

Darum: ***Bereits weniger ist mehr und reicht doch völlig. Wer nicht komplett auf Fleisch und Wurst verzichten mag, sollte im Rahmen der von der DGE empfohlenen 300–600 Gramm pro Woche bleiben.***

2 ZU **VIEL FLEISCH** IST **UNGESUND**

Studien belegen, dass übermäßiger Fleischkonsum – vor allem von rotem Fleisch – das Risiko für Darmkrebs erhöht; bei mehr als 100 Gramm über den von der DGE empfohlenen 300–600 Gramm pro Woche sogar um fast 50 Prozent! Außerdem verstärkt eine fleischlastige Ernährung mit viel Fett und Cholesterin die Anfälligkeit für Übergewicht, Herz- und Gefäßerkrankungen.

Darum: ***Ein gesundes Maß finden und wenn nötig, dann eher helles Fleisch wie Geflügel wählen, rotes (vor allem Rindfleisch) und verarbeitetes Fleisch mit viel Fett in Form von Wurst oder Geräuchertes eher meiden.***

3 FLEISCH BEDEUTET **TIERLEID**

Eigentlich sollte dieser Punkt mit der wichtigste sein: Nicht nur unserer Gesundheit zuliebe sollten wir weniger Fleisch essen. Denn was wir beim genussvollen Biss ins Wurstbrot vergessen und beim sauber und steril abgepackten Schnitzel verdrängen, ist, dass dahinter ein leidensfähiges Lebewesen steht, das für unseren Genuss sein Leben lassen muss. Wie schrecklich ist dagegen die konsequente Vorstellung, dass ein deutscher Durchschnittsfleischesser in seinem Leben zwischen 635 und 715 Tiere verspeist, wie die Heinrich-Böll-Stiftung in ihrem Fleischatlas errechnete. Um unseren extremen Fleischbedarf bedienen zu können, werden Tiere heute größtenteils in Massenzucht gehalten: unter oft tierunwürdigen Bedingungen, in engen Käfigen und Ställen. Mit Antibiotika und Hormonen für mehr Gewicht behandelt, enden sie dann im Schlachthof.

Darum: ***Fleisch als etwas Besonderes begreifen, den Tieren gegenüber Respekt zeigen und ihnen ein tierwürdiges Leben ermöglichen. Beim Kauf etwas tiefer in die Tasche greifen für Bio-Fleisch aus artgerechter Haltung.***

4 FLEISCH **SCHADET** DEM **KLIMA**

Zuchttiere, vor allem Milchkühe, stoßen nicht nur durch ihre Verdauung große Mengen an klimaschädlichem Methan direkt aus. Auch die Umwandlung von Natur zu Weidefläche, Fütterung, Düngung, anfallender Mist und Gülle setzen klimaschädliche Gase wie z. B. Lachgas und CO_2 frei. Gerade die Abholzung von (Regen-) Wald zugunsten von Weidefläche, wie in großem Stil im Amazonasgebiet betrieben, schadet doppelt: Sie setzt im Boden gelagertes CO_2 frei und zerstört Bäume, die in der Lage sind, CO_2 in Sauerstoff umzuwandeln. Bereits heute machen rund 1,5 Milliarden Rinder weltweit rund 10 Prozent des Gesamtausstoßes von Treibhausgasen aus – aber der Wunsch nach Fleisch wird zukünftig Forschern zufolge eher noch steigen!

Darum: ***Wer seinen Fleischkonsum von den durchschnittlichen 60–90 Kilogramm Fleisch jährlich lediglich um ein Viertel reduziert, spart bereits 0,1 Tonnen CO_2 ein. Bei vollem Verzicht rund 0,45 Tonnen, was einem Viertel des gesamten durch die Ernährung entstehenden CO_2-Ausstoßes entspricht – wie sich im Klimarechner des Bundesumweltamtes nachvollziehen lässt.***

5 **FLEISCH** IST ZU **BILLIG**

Das Schnitzel zu Dumpingpreisen im Supermarkt ist Alltag. Doch die Unmengen an preiswertem Fleisch stehen in keinem rechten Verhältnis zu dem, was seine Erzeugung an negativen Folgen für Klima und Umwelt mit sich bringt – vor allem nicht im Vergleich zu anderen Lebensmitteln. Fast 70 Prozent der landwirtschaftlichen Fläche in Deutschland wird nur für die Erzeugung von Futterpflanzen benötigt, statt sie direkt für pflanzliche Nahrungsmittel zu nutzen. Dabei haben diese meist eine wesentlich bessere Klimabilanz: So fallen bei der Herstellung von Feld zu Teller bei einem Kilo Rindfleisch zwischen sieben und 28 Kilo CO_2 an, bei einem Kilo Brot dagegen lediglich rund ein halbes Kilo. Die Herstellung pflanzlicher Lebensmittel benötigt darüber hinaus meist weitaus weniger Bodenfläche und Wasser, schont so Ressourcen und die Umwelt. Würden der Rechnung eines kanadischen Wissenschaftlerteams nach weltweit alle Weideflächen in Ackerfläche umgebaut, stünde plötzlich eine Fläche in der Größe Afrikas zur Verfügung – die Ackerfläche für Tierfuttermittel nicht einmal miteingerechnet! Angesichts der Tatsache, dass heute weltweit nach wie vor über 800 Millionen Menschen unter Hunger leiden, der sich durch die Klimaveränderungen noch verschärft, spricht noch mehr für weniger Fleisch.

Darum: ***Besser überlegen, ob Fleisch ein Schnäppchen sein muss. Ein gutes vegetarisches Essen oder ab und an ein Stückchen Bio-Fleisch ist eine lohnende Investition in die Zukunft – und macht mehr Menschen satt.***

EIN GUTER GRUND, WENIG(ER) FISCH ZU ESSEN

Fisch ist gesund, keine Frage, darum empfiehlt die DGE auch 1–2 mal pro Woche Fisch zu essen. In Sachen Gesundheit sicher ratsam: Denn Fisch enthält für uns wertvolle Fettsäuren. Eine Empfehlung, der die wenigsten Deutschen folgen, denn der durchschnittliche wöchentliche Pro-Kopf-Verbrauch liegt mit unter 100 Gramm Fisch pro Woche unter der Empfehlung. Das ist angesichts der Überfischung der Meere sicher kein Schaden. Auch Zuchtfisch ist meist keine gute Option, da die Haltung, Fütterung und der Einsatz von Medikamenten in Fischfarmen nicht artgerecht ist und gravierende Verschmutzung von Gewässern und Land nach sich zieht.

Darum: ***Fisch, falls möglich, nur in den von der DGE vorgeschlagenen Mengen essen: 1–2 mal wöchentlich 70 Gramm fettreicher oder 150 Gramm fettarmen Fisch. Beim Kauf auf Bio-Siegel und Zertifikate (siehe Seite 20) achten.***

2 EXTREM WICHTIGE GRÜNDE, (MEHR) VEGETARISCH ZU ESSEN

PFLANZLICHE ERNÄHRUNG HAT DIE BESSERE ÖKOBILANZ

Egal, ob man den ökologischen Fußabdruck durch Treibhausgase oder die für die Produktion benötigte Menge an genutzter Fläche und Wasser anschaut: Pflanzliche Lebensmittel schneiden hier im Vergleich zu Fleisch- aber auch Milchprodukten drastisch besser ab. Wer hier ganz genau Bescheid wissen will, macht sich bei den diversen Klima- oder CO_2-Rechnern im Internet (siehe Seite 190) schlau, bei denen man teilweise auch seinen ganz persönlichen CO_2-Fußabdruck berechnen kann.

Darum: ***Statt einem „Meatless Monday" lieber eine ganze fleischlose Woche und nur ab und an wie bei unseren Ureltern etwas „Festtagsfleisch". Und auf keinen Fall sollte man sich die Lust am Essen „totrechnen": Wer konsequent auf (hauptsächlich) vegetarische, regionale und saisonale Produkte setzt, isst unterm Strich auf jeden Fall besser und nachhaltiger.***

BEI VEGETARISCHER ERNÄHRUNG „FEHLT" NICHTS

Darüber ist man sich heute ernährungswissenschaftlich einig: Auch Vegetarier können sich ausgewogen und ohne Mangelerscheinungen ernähren und bleiben dabei gesund und leistungsstark. Im Gegenteil – wer sich vegetarisch ernährt, achtet meist auch ansonsten mehr auf sich und seine Gesundheit und leidet seltener unter Übergewicht, Diabetes und ernährungsbedingten Herz-Kreislauf-Beschwerden. Wer sich hier an die Empfehlung der Deutschen Gesellschaft für Ernährung (DGE) hält, ist rundum gut versorgt (wie auch mit unseren Rezepten ab Seite 28). Sie ähnelt in ihrer Zusammensetzung der Makronährstoffe (Kohlenhydrate, Eiweiße und Fette) den normalen DGE-Empfehlungen, ersetzt aber Fleisch und Fisch durch pflanzliche Produkte in leicht veränderter Zusammenstellung. Lediglich Veganer, die langfristig vollständig auf tierische Produkte verzichten, sollten auf ein B_{12}-Nahrungszusatzpräparat zurückgreifen und ihre B_{12}-Versorgung regelmäßig ärztlich überprüfen lassen.

Darum: ***Wer sich vegetarisch ausgewogen ernährt, dem fehlt letztlich Nichts. Empfehlenswert ist eine abwechslungsreiche, vielfältige Kost, die alle Nährstoffe beinhaltet – wie bei unseren Rezepten (ab Seite 28) immer der Fall.***

Die vegetarische Ernährungspyramide in Anlehnung an die Empfehlungen der DGE und ProVeg Deutschland.

BESSER KOCHEN

Eine (möglichst) fleisch- und fischlose Küche ist ein erster, konsequenter Schritt in eine bessere, nachhaltigere Zukunft. Aber es gibt noch ein paar Dinge, die wir beachten sollten.

Vegetarisches Essen mit einem maßvollen Einsatz an tierischen Produkten wie Eiern oder Milch versorgt uns im Prinzip mit allen lebenswichtigen Nährstoffen. Wer dann noch selber kocht, auf frische, qualitativ hochwertige Zutaten in guter Kombination achtet und sich nicht von Pudding und Fertig-Sojaschnitzel mit Fritten und Mayo ernährt, tut sich, seiner Gesundheit und der Umwelt etwas Gutes.

Auf eine möglichst ausgewogene Zusammenstellung von Nährstoffen haben wir bei unseren Rezepten geachtet – und darauf, dass sie allen – auch Kindern – richtig gut schmecken, und sicher keiner Fleisch sehr vermissen wird. Hauptbestandteil sind frische, möglichst saisonal passende Zutaten, die man je nach Jahreszeit meist problemlos austauschen kann. Dazu geben wir jede Menge und Tipps und Gründe an, warum Veggie so gut wie immer die bessere Wahl ist. Weniger Fleisch und Fisch essen, ist dabei das eine. Doch in der Küche gibt es noch mehr, auf das wir unser Augenmerk richten sollten: neben der Auswahl der Zutaten, sollte er auch auf dem Einkauf, der Lagerung und der Art der Zubereitung liegen.

EIN GUTER GRUND, **SELBST** ZU **KOCHEN**

Die Industrie macht einem das Leben und Kochen scheinbar leicht: Convenience- und Fertigprodukte boomen, und vor allem im Bio-Bereich kommen immer mehr vegetarische oder vegane Produkte auf den Markt. Doch was steckt in diesen Produkten eigentlich drin? Hier sollte man das Kleingedruckte lesen – auch bei Bio-Waren. Denn auch wenn die Zutaten in Bio-Knuspermüsli, veganem Käse oder Veggie-Burger aus ökologischer Erzeugung stammen und nach bestimmten zertifizierten Richtlinien erzeugt und verarbeitet wurden, sind sie nicht unbedingt besser oder gesünder als konventionelle Fertigprodukte: Häufig finden sich jede Menge Zucker im Müsli, viel Salz, ein hoher Fettanteil, (natürliche) Geschmacksverstärker und Konservierungsstoffe, die oft in ihrer Wirkung künstlich hergestellten nicht nachstehen (siehe z.B. Seite 41 Gemüsebrühepulver). Auch was Herstellung und Verpackung angeht, kann hier von nachhaltiger Bio-Qualität oft nicht die Rede sein. Je stärker die Lebensmittel verarbeitet sind, desto weniger haben sie dann oft mit der ursprünglichen Idee von Bio gemein, wie auch Thilo Bode, der Gründer von „Foodwatch", einer Organisation, die sich für qualitativ hochwertige, gesundheitlich unbedenkliche und „ehrliche" Lebensmittel einsetzt, befindet.

Darum: ***Wer gesund und nachhaltig essen möchte, sollte auf möglichst unverarbeitete Produkte zurückgreifen – wie wir es in unseren Rezepten zu größten Teilen tun. Dann weiß man genau, was drin steckt und wie es verarbeitet wird. Manchmal gibt es, das wissen wir als berufstätige Mütter auch, gute Gründe, dass es in der Küche schneller gehen muss. Wer dann zu Fertigprodukten wie z.B. Fertigteige oder Gemüsebrühe greift, sollte möglichst immer genau die Zutatenliste studieren.***

EIN GUTER GRUND, **SAISONAL** ZU **KOCHEN**

Erdbeeren im Winter und Spargel zu Kürbis? Für uns ein echtes No-Go. Denn die gibt es alle zusammen unabhängig von der Jahreszeit, oft richtig preisgünstig im Supermarkt. Dann kommen sie aber aus dem Treibhaus oder dem Ausland, im schlimmsten Fall sogar aus Übersee. Die Energiekosten für Treibhauszucht und Transport gehen massiv zu Lasten der Umwelt – und des Geschmacks. Denn Obst und Gemüse, das lange Transportwege zu bewältigen hat, wird oft unreif geerntet und kann so geschmacklich nie an den Geschmack einer (voll-)reif geernteten Ware herankommen. Zudem erhält frisch geerntetes Gemüse und Obst alle seine gesunden Vitamine, Mineralstoffe und sekundären Pflanzenstoffe, die bei längerer Lagerung und Transport verloren gehen. Ein Grund mehr einen Blick in den Saisonkalender (siehe Seite 16) zu werfen.

Darum: ***Wenn möglich Obst und Gemüse immer saisonal wählen – und den richtigen Saisonkalender anschauen (siehe Seite 16): Viele im Umlauf befindliche Listen führen nämlich verwirrenderweise nicht (nur) auf, wann das jeweilige Obst und Gemüse hierzulande geerntet wird, sondern auch, wann es hier im Supermarkt als Importware erhältlich ist. Außerhalb der Saison gibt es bei vielen Produkten die Möglichkeit, auf konservierte Ware zurückzugreifen (siehe Seite 24)***

DER SAISONKALENDER

Wer saisonal einkauft, erhält nicht nur beste Qualität, sondern schont auch den Geldbeutel und das Klima.

OBST	JAN	FEB	MÄR	APR	MAI	JUNI	JULI	AUG	SEP	OKT	NOV	DEZ
Ananas												
Äpfel												
Apfelsinen/Orangen												
Aprikosen												
Avocados												
Bananen												
Birnen												
Brombeeren												
Erdbeeren												
Esskastanien												
Feigen												
Grapefruit												
Haselnüsse												
Heidelbeeren												
Himbeeren												
Johannisbeeren, rot												
Johannisbeeren, schwarz												
Kirschen, sauer												
Kirschen, süß												
Kiwis												
Limetten												
Litschis												
Mandarinengruppe												
Mangos												
Melonen												
Mirabellen, Renekloden												
Pampelmusen												
Papayas												
Pfirsiche, Nektarinen												
Pflaumen, Zwetschen												
Preiselbeeren												
Quitten												
Stachelbeeren												
Tafeltrauben												
Walnüsse												
Wassermelonen												
Zitronen												

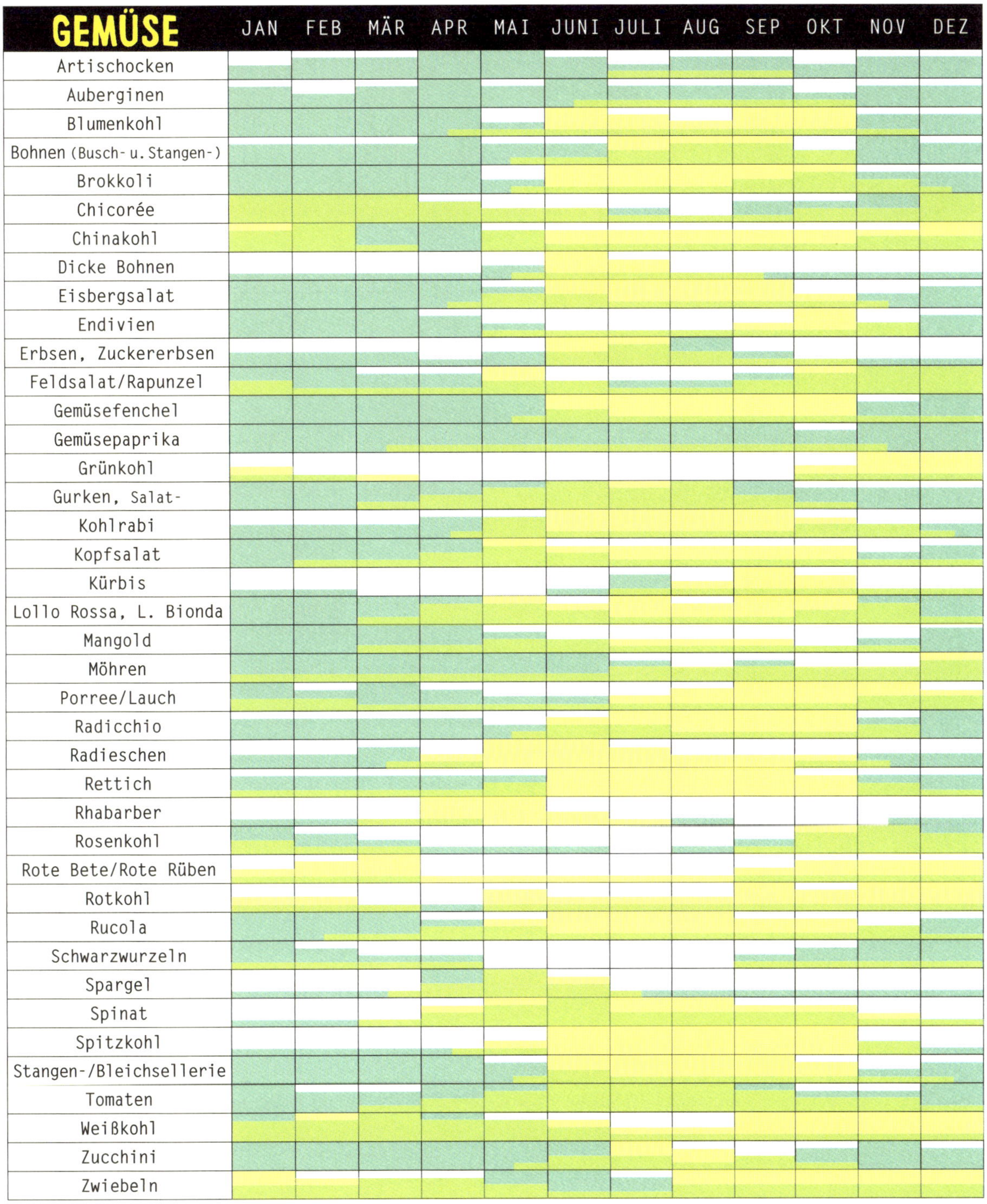

ERKLÄRUNG

Monat mit starken Importen

Monat mit geringen Importen

Monat mit großem Angebot aus heimischen Anbau

Monat mit großem Angebot aus heimischem Anbau und gleichzeitig geringen Importen

EIN GUTER GRUND, **REGIONAL** ZU **WÄHLEN**

Eigentlich vollkommen klar: Importierte Lebensmittel haben lange Transportwege und belasten so Umwelt und Klima. Am extremsten sind Importe aus Übersee. Das sind in Deutschland zwar nur ca. 4 Prozent, aber für die Emissionen eines Kilos per Schiff transportierter Lebensmittel können hierzulande 11 Kilo per Fahrzeug oder Bahn geliefert werden, für Flugware sogar ganze 90 Kilo. Transporte auf Straße oder Schiene verursachen zwar weniger Emissionen und verbrauchen weniger Energie, haben aber häufig noch ganz andere negative Effekte: Für aromatisch reife Tomaten oder Gurken, außerhalb der Saison aus Spanien oder Marokko, wird in Ländern, in denen meist eh schon Wasserknappheit herrscht, der niedrige Grundwasserspiegel weiter angegriffen. Die einst als „geschmacklos" verteufelten Produkte aus Holland werden dagegen heute in vielen Fällen mit neuen Techniken ressourcenschonend angebaut und stehen durch neue Züchtungen und Anbauverfahren den südlichen Produkten kaum mehr nach. Am meisten tut man aber für die Umwelt, wenn man sich auf den örtlichen Bauernmarkt begibt – zu Fuß oder mit dem Fahrrad – und dort beim Einkauf auf die Saison achtet. Denn Saisonal toppt häufig noch Regional: Ein erntefrischer deutscher Apfel im Herbst ist perfekt. Um ihn aber in Topqualität zu erhalten, wird für seine Lagerung soviel Energie verbraucht, dass die Ökobilanz eines Übersee-Apfels ab etwa April besser ausschaut als die eines deutschen Apfels aus dem Kühllager. Saison gilt also noch vor Region – oder man nimmt einfach einen etwas schrumpeligen, im Keller eingelagerten Apfel wie zu Omas Zeiten in Kauf.

Darum: *Beim Kauf von (allen!) Lebensmitteln möglichst auf die Herkunft achten. Für viele „weitgereiste" Produkte gibt es hiesige Alternativen oder welche mit kürzeren Transportwegen. Auch beim Transport vom Einkauf nach Hause kann man Energie sparen, indem man das Auto stehen lässt oder die Bio-Kiste bemüht – denn hier ist man sicher, die Produkte kommen aus nächster Nähe und sind im Regelfall (oder zumindest nach Auswahl) saisonal.*

EIN GUTER GRUND, „**BIO**“ ZU **WÄHLEN**

Bio-Produkte kosten zwar meist (deutlich) mehr als konventionelle, haben aber viele Pluspunkte; nicht zuletzt, dass sie – unter natürlichen Gegebenheiten gediehen – mehr Geschmack entwickeln können. Der Verzicht auf chemische Wachstums- und Düngemittel trägt zum Schutz von Tieren, Vögeln und Insekten wie z.B. Bienen bei und erhält so den Artenreichtum. Genmanipuliertes Saatgut wie z.B. Soja ist nicht zugelassen. Zuchttiere werden artgerecht gehalten, gefüttert und nicht mit Antibiotika behandelt. Freilandhaltung und die Verwendung von organischem Dünger haben dazu den großen Vorteil, dass natürliche Weideflächen und Äcker CO_2 binden und so den Effekt jedes Kuhpupses oder andere Emissionen mindern.

Darum: *Wenn es der Geldbeutel zulässt (vor allem bei tierischen Produkten), besser „Bio“ wählen und damit aktiven Umweltschutz betreiben. Mit den in Deutschland zugelassenen Bio-Siegeln (siehe Seite 20) ist das relativ einfach und transparent. Bei den jeweiligen Zertifikaten lassen sich online auch die genauen Anforderungen, die dahinter stehen, herausfinden. Allerdings auch bei „Bio“ immer kritisch hinterfragen: Stimmen Saison und Herkunft? Muss es Getreide aus Südamerika sein? Oder griechischer Spargel im Winter? Wir schauen lieber auf die Herkunft und freuen uns auf den hiesigen Spargel im Frühjahr!*

EIN GUTER GRUND, AUCH **AUF FAIRTRAIDE** ZU **ACHTEN**

Bestimmte Lebensmittel wie Zitrus- und Südfrüchte, Tee, Kaffee, Kakao etc. gedeihen hierzulande oder im näheren Ausland beim besten Willen nicht. Abgesehen von den langen Transportwegen werden sie in ihren Herkunftsländern oft unter inakzeptablen Bedingungen angebaut. Ausbeuterische Arbeitsbedingungen und Löhne für alle an Produktion beteiligten Menschen sowie unökologische, umweltzerstörende Anbauweisen sind hier nur allzu oft die Regel.

Darum: *Bei bestimmten Produkten auch auf das „Fairtrade-Label“ achten: Es garantiert gerechte Bezahlung, faire Arbeitsbedingungen und fördert den Umweltschutz. Denn nicht zuletzt durch bessere Preise für Bio-Produkte werden Erzeuger zur Umstellung auf nachhaltigere Landwirtschaft ermutigt.*

MEHR DURCHBLICK BEIM EINKAUFEN

Die Kennzeichnung mit Siegeln soll uns Verbrauchern helfen, zu den „guten“ Produkten zu greifen. Aber für was stehen die vielen kleinen Symbole eigentlich? Hier ein Überblick über die bekanntesten Siegel für Lebensmittel und was jeweils dahinter steckt. So könnt Ihr beim Einkauf gezielt zugreifen.

EU-BIO-LOGO

DEUTSCHES BIO-SIEGEL

Das EU-Bio-Logo und das sechseckige Deutsche Bio-Siegel garantieren, dass die Produkte nach den **EU-Rechtsvorschriften für den ökologischen Landbau** produziert wurden. Das heißt unter anderem, dass bei der Produktion **keine chemisch-synthetischen Dünge- und Pflanzenschutzmittel** eingesetzt werden, dass **keine künstliche Aromen und Farbstoffe** verwendet werden, dass die Tiere, bis auf streng geregelte Ausnahmen, mit **ökologischem Futter** gefüttert werden und nur sehr **begrenzt mit Antibiotika behandelt** werden dürfen. Das EU-Bio-Logo ist verpflichtend für vorverpackte Bio-Ware, die einen Verarbeitungsschritt in der EU erfahren hat. Das deutsche Bio-Siegel kann freiwillig zusätzlich verwendet werden.

BIOLAND

Die Kriterien für das Markenzeichen des **größten ökologischen Anbauverbandes in Deutschland und Südtirol** basieren auf einem geschlossenen Betriebskreislauf und gehen über die der EU-Öko-Verordnung für Bio-Logos hinaus. Produktions- und Futtermittel stammen weitestgehend aus dem eigenen Betrieb und Tiere werden naturheilkundlich behandelt.

NATURLAND

Naturland ist mit 70.000 Bäuerinnen und Bauern in 60 Ländern der bedeutendste Verband für ökologischen Landbau. Soziale Anforderungen sind fester Bestandteil aller Naturland-Richtlinien, die Zusatzzertifizierung „Naturland Fair“ ergänzt dies um den Aspekt des Fairen Handels.

DEMETER

Der älteste ökologische Anbauverband in Deutschland arbeitet nach den Kriterien der **biologisch-dynamischen Wirtschaftsweise**. Produkte mit diesem Siegel bestehen zu 100 Prozent aus ökologisch erzeugten Zutaten. Auch auf die Erhaltung der Bodenfruchtbarkeit, der Artenvielfalt und auf das Tierwohl wird sehr großen Wert gelegt.

V-LABEL

Mit dem V-Label lassen sich **vegane und vegetarische Produkte** beim Einkauf auf einen Blick ohne langes Studieren der Zutatenliste erkennen. V-Label-Produkte dürfen **nicht an Tieren getestet** worden sein und nicht die Bezeichnung „enthält GMO“ tragen.

FAIRTRADE

Dieses Logo kennzeichnet Produkte, die aus fairem Handel stammen und bei deren Herstellung bestimmte soziale, ökologische und ökonomische Kriterien eingehalten wurden.

GEPA

Die Produkte, die mit dem Logo von „Gepa - the Fair Trade Company“ ausgezeichnet sind, werden unter fairen Bedingungen produziert und gehandelt. Die Organisation setzt sich vor allem für faire Preise ihrer Handelspartner ein, zumeist demokratisch organisierte Kleinbauernorganisationen, aber auch für eine **Verbesserung der Lebensumstände in den Produktionsländern** und für die Förderung der biologischen Landwirtschaft.

RAINFOREST ALLIANCE

Das Siegel mit dem kleinen grünen Frosch steht für Produkte und Dienstleistungen, die in **umweltfreundlicher, sozial und wirtschaftlich nachhaltiger Weise erzeugt** wurden. Die Zertifizierung baut auf folgenden Kernprinzipien auf: Schutz der Artenvielfalt, bessere Lebensbedingungen und menschliches Wohlergehen, Schutz natürlicher Rohstoffe, effektive Planungs- und Farmmanagementsysteme.

UTZ CERTIFIED

Die Zertifizierung bescheinigt den nachhaltigeren Anbau von Kaffee, Tee, Kakao und Haselnüssen. UTZ ist Teil der Rainforest Alliance.

MSC-SIEGEL

Das Siegel des Marine Stewardship Council kennzeichnet Fische und Fischprodukte, die aus einer nachhaltig arbeitenden Fischerei stammen. Das Siegel wird an Fischereibetriebe vergeben, die **nachweislich umweltverträglich fischen**.

ASC-SIEGEL

Das Siegel des Aquaculture Stewardship Council legt Sozial- und Umweltstandards für konventionell bewirtschaftete Aquakulturen fest. Es gibt Konsument*innen auf einen Blick Sicherheit in Bezug auf Herkunft und **verantwortungsvolle Zucht**.

VEGGIE IST NICHT ALLES

Nicht nur das, was wir essen, spielt eine Rolle: Auch beim Einkaufen, beim Kochen und sogar bei dem, was wir nicht essen, können wir Einiges mehr für Umwelt und Klima tun.

Rund 13 Millionen Tonnen an Essen landen in Deutschland jährlich im Müll. Das beinhaltet Essensreste, die nicht verwertet werden, aber auch Lebensmittel, die einfach überflüssigerweise gekauft und nicht verwendet wurden. Dazu kommen Berge von Verpackungsmüll aus Plastik: Joghurtbecher, Einschweißfolien von Gemüse oder Verpackungen von Convenience-Produkten.

Hier lässt sich eine ganze Menge tun: Indem etwas bewusster geplant und vielleicht auch etwas nachhaltiger und ressourcenschonender agiert wird. Hierzu haben wir hier im Folgenden eine Menge Vorschläge. Aber auch direkt bei den Rezepten, bei denen darauf geachtet wurde, dass möglichst keine Reste übrig bleiben, der Herd intelligent genutzt, auch mal Reste oder scheinbare Abfälle (wie z.B. Möhrengrün) verwendet werden und gute Alternativen für Zutaten angegeben sind. Um sie nachzukochen, sollte man am besten erst einen Einkaufszettel schreiben und checken, was noch im Vorrat ist, denn das hilft generell, überflüssige oder Spontankäufe zu vermeiden.

EIN GUTER GRUND, **SEINEN VORRAT** REGELMÄSSIG ZU **CHECKEN**

Doppelkäufe sind die häufigste Ursache dafür, dass Lebensmittel später im Müll landen. Wer seinen Vorratsschrank und Kühlschrank vor dem Einkauf durchgeht, kann das leicht vermeiden. Ist das Mindesthaltbarkeitsdatum aber doch einmal abgelaufen, heißt das noch lange nicht: „Ab in die Tonne!" Auch nach Ablauf des Mindesthaltbarkeitsdatums sind die meisten Lebensmittel noch völlig in Ordnung. Hier gilt es, sich auf seine Sinne zu verlassen. Solange eine Speise nicht völlig ihre Optik verändert hat (z.B. geronnen ist), unangenehm riecht, ihre Haptik verändert (Wurst oder Pilze werden z.B. „schmierig") und solange kein Schimmel zu sehen ist: Einfach ein Löffelchen oder Stückchen davon probieren – so merkt man zusätzlich am Geschmack schnell, ob etwas noch in Ordnung ist. Weiße Flecke auf Käse sind übrigens meist kein Schimmel, sondern nach außen getretenes Salz. Getreide und Getreideprodukte (wie Nudeln oder abgepacktes Gebäck) können im Prinzip lange über das angegebene Datum verwendet werden. Sind sie wirklich schlecht, riechen sie ranzig, genau wie Nüsse oder Saaten. Lediglich bei Fisch, Fleisch und vor allem Geflügel sollte das Haltbarkeitsdatum möglichst nicht oder nur geringfügig überschritten werden.

Darum: ***Lebensmittel mit überschrittenem Haltbarkeitsdatum nicht gleich wegwerfen, sondern mit allen Sinnen testen. Einmal angebrochene Lebensmittel sollten immer wieder gut verpackt werden, da sie unter Sauerstoffeinfluss schneller verderben.***

EIN GUTER GRUND, SICH **IN** SEINEM **KÜHLSCHRANK AUSZUKENNEN**

Es hilft nicht nur, zu wissen, was im Kühlschrank steht, sondern auch, was genau wohin gestellt wird: Gemüse gehört ins mäßig kalte Gemüsefach. Dabei sollten Tomaten und Avocados nicht im Kühlschrank gelagert werden (sie reifen sonst nicht nach), auch Kartoffeln vertragen keine Kälte. Obst muss bis auf empfindliche Beeren nicht ins Gemüsefach, sondern fühlt sich an einem nicht zu warmen Ort viel wohler. Leicht Verderbliches wie Fisch oder Fleisch gehört in den kältesten Bereich, ganz unten in den Kühlschrank. Weniger empfindliche Lebensmittel wie Milch(-produkte) oder Eier sind auch in der nicht so kalten Tür oder den oberen Fächern gut aufgehoben. Frische Kräuter lassen sich in einem feuchten Tuch oder Küchenpapier in einer Plastiktüte im Gemüsefach einige Tage lagern – oder bei kleinen Resten fein gehackt in Gefrierdöschen einfrieren und später gefroren in Speisen verarbeiten.

Darum: ***Beim Einkaufen checken, was noch im Kühlschrank steht, und die Einkäufe später an den richtigen Platz packen – das bewahrt sie vor Verderbnis. Beim Kühlschrank ruhig auch einmal wieder die Temperatur checken: Es reichen 6–7 °C, im Frostfach -18 °C – mehr Kälte kostet mehr Energie. Übrigens, Eisberge im Kühlfach vergrößern die Kühlfläche und fressen so zusätzlich Energie!***

EIN GUTER GRUND, **AUCH MAL „TIEFGEKÜHLT“** ZU **WÄHLEN**

Je frischer ein Lebensmittel, desto größer sein Nährstoffgehalt – vor allem bei Obst und Gemüse. Einmal geerntet, verliert es aber rasch davon, weil z.B. Vitamine höchst empfindlich auf Sauerstoff, Wärme oder Licht reagieren. Lange Transportwege und Lagerung schaden also. Wird es dagegen nach der Ernte sofort tiefgekühlt – was bei heutigen Verfahren der Fall ist – bleiben diese Nährstoffe besser erhalten. Das kostet allerdings Energie bei der Herstellung und der Lagerung im Tiefkühlhaus. So gesehen sind frische, regionale Produkte für die Umwelt besser. Stammen die frischen Erdbeeren allerdings aus Spanien, sieht das schon anders aus: Der lange Transport bedeutet nicht nur massiven Nährstoffverlust, sondern auch einen höheren Energieaufwand und höhere Schadstoffbelastung. Tiefkühlkost muss also nicht klimaschädlicher sein als frische. Die Klimabilanz von frischem, tiefgekühltem und sogar Konservengemüse unterscheidet sich nur minimal, wie eine Hamburger Studie herausfand: 1 Kilo frischer Spinat spart dieser Studie zufolge gegenüber tiefgekühltem gerade einmal soviel an Schadstoffemissionen wie eine 2 Kilometer lange Autofahrt. Wer also beim Einkauf sein Auto stehen lässt, darf getrost zum praktischen TK-Spinat greifen!

Darum: ***Frische, saisonale Ware ist prinzipiell immer die erste Wahl – außerhalb der Saison und gegenüber über lange Strecken transportierten Lebensmitteln ist Tiefkühlware allerdings eine gute Alternative. Sinnvoll ist es, auf die Verpackung zu achten: Stecken TK-Spinat oder Aufbackbrötchen in einem Papierkarton oder einem Plastikbeutel? Die Papierverpackung hat sowohl in Herstellung als auch in Entsorgung die bessere Klimabilanz.***

EIN GUTER GRUND, **NUR AB UND ZU DOSEN** ZU NEHMEN

Dosen oder Konserven in Glasbehältnissen sind ebenfalls eine Alternative zu frischen Lebensmitteln. Im Gegensatz zu Tiefkühlware halten sich Lebensmittel in Dosen gut drei Jahre, ohne Energie für Kühlung zu verschwenden. Dosentomaten sind also ebenfalls eine gute Alternative zu lange transportierten frischen. Durch den Sterilistationsprozess verliert Obst und Gemüse allerdings im Gegensatz zum schnellen Einfrieren mehr Nährstoffe. Und die Verpackungen an sich sind problematisch: Weißblechdosen sind innen mit Plastik beschichtet, das im Verdacht steht gesundheitsgefährdend zu sein. Und sowohl Blechdose als auch Glas werden mit weitaus höherem Energieaufwand hergestellt als eine Papp-Tiefkühlschachtel. Auch die Tatsache, dass sie recyclebar sind, hilft nicht wirklich: Der Energieaufwand hierbei ist ebenso hoch wie bei der Neuherstellung eines Kartons.

Darum: ***Eingemachtes in Dosen oder Glas möglichst nur als Alternative wählen, wenn saisonal nichts Frisches im Angebot ist, oder für Lebensmittel, die sehr lange gelagert werden.***

EIN GUTER GRUND, **GUT GERÜSTET EINKAUFEN** ZU GEHEN

Ein Einkaufszettel gehört für uns genauso zum Rüstzeug wie Korb oder Tasche, in die die Einkäufe später gepackt werden. Plastiktüten gibt es in den meisten Geschäften inzwischen nicht mehr gratis, was bei gut 6 Milliarden Plastiktüten, die jährlich in Deutschland gerade einmal 25 Minuten verwendet werden, mehr recht als billig ist. Denn der Abbau einer Plastiktüte dauert je nach Material nicht nur 100–500 Jahre, auch ihre Herstellung ist äußerst energieintensiv und geht zu Lasten der Umwelt. Bio-Plastiktüten sind dabei keine echte Lösung: Sie sind zwar kompostierbar, allerdings nicht in den heute äußerst effektiv arbeitenden Kompostieranlagen. Die produzieren so schnell Kompost, dass das Bio-Plastik nicht ausreichend Zeit hat, zu Humus zu werden. Derartige Anlagen sortieren Bio-Plastik darum bereits mit konventionellem aus – beides wandert in die Müllverbrennung. Und selbst Papiertüten haben neben der geringen Reißfestigkeit ihre Tücken: Ihre Herstellung benötigt doppelt so viel Energie wie die einer Plastiktüte. Erst durch Mehrfachverwendung gleicht sich diese Bilanz wieder aus – was übrigens für den guten, alten Jute- oder Stoffbeutel gilt.

Darum: ***Plastiktüten sollten endgültig out sein – mehrfach verwendbare Stoffbeutel oder ein stabiler Einkaufkorb sind hier auf jeden Fall die Alternative. Papiertüten möglichst auch mehrmals verwenden und eventuell als Bio-Abfall-Tüte für die Grüne Tonne verwenden.***

EIN GUTER GRUND, **BESSER „OHNE“** ZU KAUFEN

In fast allen Geschäften hat man die Wahl (oder auch nicht) zwischen in Plastik verpackt und unverpackt. Sogar Obst und Gemüse werden heute zu 63 Prozent verpackt angeboten, und bei bestimmten Produkten wiegt allein die Verpackung fast schon halb so viel wie der Inhalt (z.B. bei Pralinen). Auch wenn die eingeschweißte Gurke so besser für den Transport geschützt ist, und die 4 Scheiben Schinken sich prima im viel zu großen Plastikpack halten – das ist der absolute (Verpackungs) Wahnsinn! Und davor macht leider auch „Bio“ nicht halt. Kein Wunder also, dass jeder Bundesbürger heute im Schnitt rund 38 Kilo reinen Plastik-Verpackungsmüll pro Jahr produziert. Und der landet dann letztlich über die Nahrungskette als zerriebener Mikromüll aus dem Meer wieder auf dem eigenen Teller.

Darum: *Wenn möglich, immer „ohne“ wählen – nicht zuletzt, weil das den Druck auf die Hersteller erhöht, mit weniger oder anderen Verpackungen zu arbeiten. „Unverpackt“-Lebensmittelgeschäfte, in denen so gut wie alle Waren offen angeboten, abgewogen und in mitgebrachte Behältnisse gepackt werden, sind zwar noch selten, aber immer mehr Bio-Supermärkte bieten in Schütten lose Lebensmittel (z.B. Getreideprodukte, Nüsse) an, aus denen man sich dann etwas in Papiertüten abfüllen kann. Für Obst und Gemüse findet man dort darüber hinaus in den jeweiligen Abteilungen Stoffbeutel oder -netze, die zum Transportieren ideal sind – ansonsten ist hier Eigeninitiative gefragt: Einfach den Stoff- oder den bereits mehrfach benutzen Papier- oder notfalls Plastikbeutel mitbringen. Auch die Wurst- und Käsetheken vieler Geschäfte akzeptieren inzwischen die mitgebrachte (wiederverwendbare) Box, in die alles unverpackt wandert.*

EIN GUTER GRUND, **LEITUNGSWASSER** ZU **TRINKEN**

Beim Getränkekauf am besten zu Mehrwegflaschen aus Glas oder Plastik greifen. Ökologisch am günstigsten schnitt bei Ökobilanzen die PET-Mehrwegflasche ab. Kommen Getränke in Mehrwegflaschen aus Glas von Abfüllern aus der Region und haben eine hohe Umlaufzahl, schneiden sie ebenso gut ab. Das gilt z.B. auch für Milch in Glasflaschen. Je länger die Transportwege werden, desto ungünstiger fällt die Ökobilanz der Glasflasche aus.

Egal ob mit oder ohne Pfand: Einwegflaschen aus Plastik oder Glas, Getränkekartons und Aluminiumdosen lassen wir besser stehen. Diese Verpackungen schaden der Umwelt. Und auch wenn wir unser Altglas zum Glascontainer bringen: Das Einschmelzen von Glas hat einen sehr hohen Energieverbrauch. Getränkekartons punkten in Sachen Ökobilanz mit wenig Transportgewicht, außerdem lässt sich der Karton recyceln. Immer öfter sind die Getränkekartons aber mit Ausgießern und Verschlüssen aus Plastik ausgestattet, was die Ökobilanz verschlechtert und das Recycling erschwert.

Darum: *Unschlagbar in Sachen Ökobilanz ist dagegen pures Leitungswasser, das ganz ohne Verpackung frisch ins Haus geliefert wird. Wer es prickelnd mag, kann es mit einem Sprudelautomaten aufpeppen. Trinkwasser gehört zu den am besten kontrollierten Lebensmitteln in Deutschland. Wenn du dein Wasser untersuchen lassen möchtest, wende dich am besten an dein örtliches Wasserwerk oder deinen Trinkwasserversorger.*

EIN GUTER GRUND, **ALLES** GUT **EINZUPACKEN**

Auch in der eigenen Küche kommt man ums Verpacken nicht herum: Speisereste oder angebrochene Lebensmittel sollten zu Lagerungszwecken verpackt werden. Alu- oder Plastikfolie sind hier altbekannte Mittel – und wirklich von gestern. Die Probleme bei Plastik sind inzwischen mehr als bekannt. Bei Alufolie lösen sich in Kontakt mit säurehaltigen, sehr salzigen oder fettigen Lebensmitteln Aluminiumanteile und gelangen so über das Essen in den Körper. Bei der Gewinnung, Herstellung und Entsorgung bestimmter Bestandteile (z.B. Bauxit) von Alufolie werden Umwelt und Gewässer massiv belastet und große Mengen Energie verbraucht.

Darum: *Auf Alufolie verzichten und Plastikfolie wirklich nur verwenden, wenn es gar nicht anders geht. Gute Alternativen – auch zum Einwickeln von Lunch und Pausenbrot – sind Butterbrotpapier oder Wachspapier. Das abwasch- und damit wiederverwertbare, dünn mit (Bienenwachs-) beschichtete Papier erlebt gerade eine Renaissance – sogar Drogerieketten haben es inzwischen wieder direkt bei den anderen Verpackungsmaterialien einsortiert!*

FRÜHSTÜCK UND ABENDBROT

GUTEN-MORGEN-
GRANOLA

Für 4-6 Personen

Zutaten

80g Haselnusskerne
150g Getreideflocken (z.B. Dreikorn-, Hafer- oder Dinkelflocken)
50g Sesam
60g Leinsamen
30g Kokosraspel
¼TL gemahlener Zimt
je 2Msp. gemahlener Ingwer und Kardamom
4EL Honig (alternativ Ahornsirup)
3EL Pflanzenöl
50g getrocknete Aprikosen (nach Belieben)

So geht's

1 Den Backofen auf 180 °C Ober-/Unterhitze (Umluft 160 °C) vorheizen. Inzwischen die Haselnusskerne mit einem großen Messer halbieren oder in große Stücke hacken.

2 Haselnüsse mit den Flocken, Sesam, Leinsamen, Kokosraspeln und Gewürzen in einer Schüssel mischen. Honig oder Ahornsirup und Öl darüber gießen und alles mit einem Löffel oder den Händen gut vermischen, bis eine klebrige Masse entstanden ist.

3 Die Müslimasse auf ein mit Backpapier belegtes Blech geben und mit einem Löffel über die ganze Blechbreite flach verteilen. Im heißen Ofen (Mitte) 20–25 Minuten backen, bis alles schön gebräunt ist und zimtig-röstig duftet. Zwischendurch ein- bis zweimal durchrühren, damit nichts anbrennt und alles gleichmäßig bräunt.

4 Das Blech herausnehmen und das Granola auf dem Blech abkühlen lassen. Wer kleinere Stücke mag, rührt nochmals durch, so klumpt das Granola nicht aneinander. Wer gröbere Granolastücke mag, lässt es einfach so. Nach Belieben die getrockneten Aprikosen kleinschneiden und unter das abgekühlte Müsli mischen. Das Granola hält sich luftdicht verschlossen ca. 14 Tage.

EIN GUTER GRUND, FÜR SELBSTGEMACHTES MÜSLI: ... denn darin stecken neben gesundem Getreide, Nüssen und Sesam auch Leinsamen. Diese unterschätzte Saat steuert wertvolle Omega-3-Fettsäuren bei, die unser Körper nur über Nahrung – vor allem Fisch – bezieht und nicht selber bilden kann. Wer auf Fisch und Meeresfrüchte verzichtet, tut also gut daran, Lein-, Chia-Samen oder Walnüsse zu essen, in denen reichlich von der Omega-3-Fettsäure Alpha-Linolensäure steckt. Gegenüber dem gehypten Chia-Korn aus Mittelamerika haben Leinsamen in Sachen Omega-3-Fettsäuren sogar die Nase vorn und können ohne lange Transportwege hierzulande angebaut werden – das macht sich auch im Preis mehr als deutlich bemerkbar.

TIPP

Das Müsli ergibt mit Milch oder veganen Milchersatzprodukten locker ein vollwertiges Frühstück. Nimmt man zusätzlich noch saisonal passendes Obst (etwa 150 g pro Person) dazu, passt diese Menge gut für 6 Personen.

PORRIDGE

MIT PFIRSICHKOMPOTT

Für 4 Personen

Zutaten

FÜR DAS KOMPOTT:
4 große sehr reife Pfirsiche
10g frischer Ingwer (nach Belieben)
2 Orangen
½ Vanilleschote
3-4EL Zucker
2EL Vanille-Puddingpulver

FÜR DAS PORRIDGE:
500ml Milch (alternativ Mandeldrink)
150 Kleinblatt-Haferflocken
Salz
4TL Butter (nach Belieben)
4EL Mandelblättchen

So geht's

1 Für das Kompott die Pfirsiche waschen, halbieren, entsteinen und in kleine Würfel schneiden, dabei den Saft auffangen. Wer eine leicht scharfe Note mag, schält den Ingwer und würfelt ihn möglichst klein. Den Saft der Orangen auspressen. Die Vanilleschote der Länge nach aufschneiden und das Mark herauskratzen. Schote und Mark mit Pfirsichen, Orangensaft, Ingwer und Zucker in einen Topf geben und bei mittlerer Hitze 4–5 Minuten garen.

2 Währenddessen das Puddingpulver mit 3–4EL kaltem Wasser glatt verrühren. Unter das Kompott rühren und einmal aufkochen lassen. Lauwarm oder vollständig abkühlen lassen. Vor dem Servieren die Vanilleschote herausnehmen.

3 Für das Porridge die Milch mit 400–450ml Wasser – je nachdem wie fest oder flüssig man sein Porridge mag – in einem Topf zum Kochen bringen. Die Haferflocken und 1 Prise Salz unterrühren. Das Porridge zugedeckt bei niedriger Hitze 10 Minuten köcheln lassen, dabei ab und zu umrühren, damit nichts am Topfboden ansetzt.

4 In der Zwischenzeit die Mandelblättchen in einer Pfanne ohne Fett rösten, bis sie leicht bräunen und duften. Das fertige Porridge auf Schälchen verteilen. Wer möchte, gibt jeweils 1TL Butter darauf. Das Kompott dazu reichen oder darauf verteilen und alles mit Mandelblättchen bestreuen.

EIN GUTER GRUND FÜR SCHNELLES KOMPOTT:

Mal wieder zu viel Obst gekauft oder superreifes auf dem Markt ergattert: Dann schnell einen Teil zu Kompott verkochen! Denn das funktioniert so, wie hier angegeben, mit fast jeder Obstsorte (ggf. nur etwas mehr oder weniger Saft oder Wasser verwenden). Es lässt sich auch gut am Vortag zubereiten und im Kühlschrank bis zu 3 Tage in einem verschlossenen Bügelglas aufbewahren.

Grüner
Smoothie
Himbeer-
Sesam-Shake
Future-Kids-
Smoothie

GRÜNER SMOOTHIE

Für 2 Gläser

Zutaten

100 zarte Grünkohlblätter
1 Stange Staudensellerie
1 Grapefruit
60g Baby-Spinat
1 große Banane
4 weiche Datteln z.B. (Medjool)
2EL Erdnussmus (aus dem Glas)

So geht's

1 Den Grünkohl waschen, die Blätter von den harten Stängeln zupfen. Den Staudensellerie waschen, putzen und in Stücke schneiden. Die Grapefruit halbieren, den Saft auspressen und mit den Grünkohlblättchen und dem Sellerie in einen Standmixer geben. Den Spinat waschen und tropfnass dazugeben.

2 Die Banane schälen und in Stücke schneiden, die Datteln halbieren, die Kerne entfernen und das Fruchtfleisch in Stücke schneiden. Beides mit Erdnussmus und 400ml Wasser in den Mixer geben und alles schaumig pürieren. Auf zwei Gläser verteilen.

FUTURE-KIDS-SMOOTHIE

Für 2 Gläser

Zutaten

2 Bananen
250g TK-Himbeeren
250ml Mandeldrink
125ml Rote-Bete-Saft
Mark von ½ Vanilleschote
1-2EL Ahornsirup (alternativ Honig)

So geht's

1 Wer Zeit hat, schält die Bananen am Vortag, schneidet sie in Stücke und packt sie nebeneinander liegend in eine Tiefkühlbox und lässt sie so über Nacht im Gefrierfach.

2 Ungefrorene oder gefrorene Bananen mit Himbeeren, Mandeldrink, Rote-Bete-Saft und Vanillemark in einem Standmixer auf höchster Stufe cremig fein pürieren. Nach Wunsch mit Ahornsirup oder Honig süßen.

HIMBEER-SESAM-SHAKE

Für 4 Gläser

Zutaten

4 getrocknete Feigen
100g gemahlene Mandeln
40g Kleinblatt-Haferflocken
400g frische oder TK-Himbeeren
40g helles Tahin (Sesammus)
1TL Vanilleextrakt
1TL Zitronensaft

So geht's

1 Die Feigen würfeln, mit gemahlenen Mandeln und Haferflocken in einen leistungsstarken Standmixer geben. Mit 1l kochendem Wasser aus dem Wasserkocher übergießen und ca. 20 Minuten ziehen lassen.

2 Inzwischen die Himbeeren verlesen bzw. bei Zimmertemperatur antauen lassen. Mit Tahin, Vanilleextrakt und Zitronensaft zu den eingeweichten Zutaten in den Mixer geben. Alles cremig pürieren und sofort servieren.

EIN GUTER GRUND, MAL AUF MILCHPRODUKTE ZU VERZICHTEN:

Weniger Milch und Milchprodukte auf dem Speiseplan reduzieren den ökologischen Fußabdruck der Ernährung erheblich. Dass die Kalziumversorgung trotzdem nicht zu kurz kommen muss, beweist dieser Shake: Der Mix aus getrockneten Feigen, Mandeln, Haferflocken, Himbeeren und Tahin ist eine pflanzliche Kalziumbombe.

Indische
Linsencreme
Hummus
Erbsencreme
mit Minze

HUMMUS

Für 4 Personen

Zutaten

1 Dose Kichererbsen (240 g Abtropfgewicht)
1 Knoblauchzehe
1½ EL Tahin
1 Zitrone
4 EL Olivenöl
½ TL gemahlener Kreuzkümmel
⅓ TL edelsüßes Paprikapulver
2 Msp. Currypulver
2-3 Msp. Chilipulver
Salz - Pfeffer

So geht's

1 Die Kichererbsen in ein Sieb abgießen, dabei die Einlegeflüssigkeit auffangen. Den Knoblauch schälen und grob würfeln. Mit Tahin und Kichererbsen in ein Mixgefäß geben. Die Zitrone auspressen und etwa die Hälfte des Saftes mit Olivenöl und den Gewürzen zugeben.

2 Alles möglichst fein mit dem Stabmixer pürieren, dabei so viel von der Einlegeflüssigkeit zugeben, dass eine cremige Masse entsteht. Mit Salz und Pfeffer und eventuell nochmals Zitronensaft abschmecken.

INDISCHE LINSENCREME

Für 4 Personen

Zutaten

1 Stange Staudensellerie
50 g Lauch
2-3 EL Pflanzenöl zum Braten
¼ TL Currypulver
2 Msp. Chilipulver
100 g rote Linsen
1 TL Gemüsebrühe (Pulver)
½ TL Garam Masala
Salz
2-3 Stängel Koriandergrün (nach Belieben)

So geht's

1 Den Staudensellerie waschen und putzen, die Stange längs dritteln und die Drittel quer in kleine Stückchen schneiden. Den Lauch putzen, längs vierteln, gut waschen, dann die Viertel quer in dünne Streifen schneiden.

2 Das Öl in einem kleinen Topf erhitzen, darin Lauch und Sellerie bei mittlerer bis großer Hitze andünsten, bis sie leicht bräunen. Currypulver, Chilipulver und die Linsen zugeben und 1 Minute mitbraten, dann mit 250 ml Wasser ablöschen. Die Brühe unterrühren und alles offen 25–30 Minuten bei mittlerer Hitze garen, bis die Linsen weich sind. Mit Garam Masala und Salz abschmecken, dann in ein Sieb abgießen, dabei die Flüssigkeit auffangen.

3 Die Linsen mit dem Stabmixer fein pürieren, dabei soviel Flüssigkeit wie nötig zugeben – eher etwas mehr oder noch 1–2 EL Wasser, da die Creme beim Erkalten noch eindickt. Nach Wunsch das Koriandergrün waschen, trocken schütteln, die Blättchen abzupfen, hacken und unter die lauwarme Linsencreme rühren.

ERBSENCREME
MIT MINZE

Für 4 Personen

Zutaten

1 kleine Zwiebel
1EL Butter
250g TK-Erbsen
1TL Gemüsebrühe (Pulver)
3 Stängel Minze
Salz - Pfeffer
2Msp. Currypulver
200g Mascarpone
3-4 Spritzer Zitronensaft

So geht's

1 Die Zwiebel schälen und fein würfeln. Die Butter in einer Pfanne schmelzen lassen und die Zwiebel darin goldgelb andünsten. Gefrorene Erbsen, Brühepulver und 5EL Wasser zugeben und unter Rühren erhitzen, bis die Erbsen aufgetaut sind. Anschließend bei niedriger Hitze 8–10 Minuten garen, dabei sollte am Ende fast alle Flüssigkeit verdunstet sein.

2 Inzwischen die Minze waschen, trocken schütteln, die Blättchen abzupfen und fein hacken. Zwei Drittel davon unter die Erbsen mischen, mit Salz, Pfeffer und Currypulver würzen, dann die Erbsen abkühlen lassen.

3 Die abgekühlten Erbsen mit der Mascarpone mit dem Stabmixer cremig pürieren. Die Creme mit Zitronensaft, Salz und Pfeffer abschmecken und die übrige Minze unterrühren.

EIN GUTER GRUND, BEI BRÜHEPULVER GENAU HINZUSCHAUEN:

Gemüsebrühe als Pulver ist eine tolle Sache für eine fixe Suppengrundlage oder wie hier als Würze in Speisen. Allerdings solltest du darauf achten, woher diese Würze rührt: Viele Brühen enthalten meist künstliche Geschmacksverstärker wie z.B. Glutamat. Diese Lebensmittelzusatzstoffe verbergen sich oft unter der „E-Bezeichnung" mit Nummern über 600 wie z.B. E 631 = Dinatriuminosinat, auf die viele Menschen empfindlich reagieren. Als natürlicher Ersatz für diese Geschmacksverstärker wird (vor allem in Bio-Brühen) oft Hefeextrakt verwendet, die ebenfalls natürliches Glutamat (Ester und Salze der Glutaminsäure) enthält. Konservierungsmittel, Palmfett und -öl (für das der Regenwald im großen Stil abgeholzt wird) und unnötiger Zucker komplettieren dann häufig die Zutatenliste.

Darum: *Beim Kauf einer Gemüsebrühe möglichst „Bio" und „hefefrei" wählen und die Zutatenliste genau studieren. Hier lautet die Devise: Je weniger drin ist – außer Gemüse natürlich –, desto besser.*

NUSSIGES VOLLKORNBROT

Für ca. 16 Scheiben

Zutaten

- Fett und Mehl für die Form
- 150g Nusskerne (z.B. Hasel- und Walnusskerne)
- 42g Hefe (1 Würfel)
- 1TL Zucker
- 500g Dinkelvollkornmehl
- 2 leicht gehäufte TL Salz
- 2EL Apfelessig

So geht's

1 Den Backofen auf 225 °C (200 °C Umluft) vorheizen. Eine Kastenform (25cm Länge) einfetten und mit Mehl bestäuben. Die Nüsse grob hacken. Die Hefe zerbröseln, den Zucker zugeben und 500ml lauwarmes Wasser hinzufügen. Verrühren, bis sich Hefe und Zucker im Wasser aufgelöst haben.

2 Dinkelvollkornmehl und Salz in einer Rührschüssel mischen. Hefe-Wasser, Essig und Nüsse zugeben und mit den Knethaken des Handrührgerätes unterkneten. Ca. 3 Minuten weiterkneten, bis ein gleichmäßiger, relativ flüssiger Teig entstanden ist.

3 Den Teig sofort in die vorbereitete Form geben und im heißen Ofen (Mitte) ca. 35 Minuten backen. Das Brot noch ca. 5 Minuten im ausgeschalteten Ofen ruhen lassen, dann herausnehmen. Das Brot vom Rand lösen, aus der Form stürzen und auf einem Kuchengitter auskühlen lassen. Das Brot lässt sich in Scheiben geschnitten prima einfrieren und bei Bedarf im Toaster schnell aufbacken.

EIN GUTER GRUND, WALNÜSSE REGIONAL ZU KAUFEN: Bei Walnüssen möglichst auf die Herkunft achten: Ein Großteil der im Handel angebotenen Ware kommt genau wie Mandeln aus Kalifornien, wo die Bäume regelmäßig bewässert werden müssen. Eine bessere Wahl sind deshalb Walnüsse aus Europa, z.B. aus Frankreich oder Deutschland. Diese findest du vor allem auf Wochenmärkten, Hofläden oder in Bio-Läden. Im Herbst lassen sie sich auch oft selbst sammeln, was natürlich die klimaneutralste Variante ist. An einem luftigen kühlen Ort können sie in der Schale mindestens 1 Jahr gelagert werden.

Tofu-
Avocado-
Sandwich
Eier-
Sandwich
Sandwich mit
Möhren-Frischkäse

EIER-SANDWICH

Für 4 Stück

Zutaten

3 Eier (Größe M)
70g Bio-Salatgurke (alternativ 1 Mini-Gurke)
3EL Mayonnaise (aus dem Glas)
2EL Joghurt
1½EL körniger Senf
2-3 Spritzer Zitronensaft
Salz - Pfeffer
2 Prisen edelsüßes Paprikapulver
1 Zweig Estragon
1 Kästchen Kresse
8 Scheiben Vollkorn-Sandwichtoast

So geht's

1 Die Eier in kochendem Wasser 10 Minuten garen und in kaltem Wasser abschrecken, dann abkühlen lassen. Währenddessen die Gurke waschen und in kleine Würfelchen schneiden. Die Eier schälen und etwa gleich groß würfeln.

2 Mayonnaise, Joghurt, Senf und Zitronensaft verrühren. Mit Salz, Pfeffer und Paprikapulver abschmecken. Estragon waschen, trocken schütteln, die Blättchen abzupfen und fein hacken. Die Kresse waschen, trocken schütteln und vom Beet schneiden, mit dem Estragon unter die Mayo-Creme rühren, dann Gurken- und Eierwürfel unterheben. Die Masse gleichmäßig auf 4 Toastscheiben (nach Wunsch getoastet) verteilen, die übrigen 4 Scheiben auflegen und leicht festdrücken. Nach Wunsch diagonal halbieren.

TOFU-AVOCADO-SANDWICH

Für 4 Stück

Zutaten

2 reife Avocados
3EL Limettensaft
Salz - Pfeffer
½TL gemahlener Kreuzkümmel
2Msp. Chilipulver
1 Fleischtomate
180g Räuchertofu
8 Salatblätter (z.B. Lollo bionda)
4 (Vollkorn-) Brötchen

So geht's

1 Die Avocados halbieren, den Kern entfernen und das Fruchtfleisch mit einem Löffel herauslösen. Den Limettensaft darüber träufeln, und das Fleisch mit einer Gabel je nach Wunsch mehr oder weniger grob zermusen. Mit Salz, Pfeffer, Kreuzkümmel und Chilipulver würzen.

2 Die Tomate waschen und quer in dünne Scheiben schneiden, dabei den Stielansatz entfernen. Den Tofu quer in dünne Scheiben schneiden. Den Salat waschen, trocken schleudern. Die Brötchen aufschneiden. Die unteren Hälften mit der Avocadocreme bestreichen, darauf den Tofu verteilen, darüber die Tomatenscheiben legen und mit den Salatblättern abschließen. Dann die obere Brötchenhälften auflegen und andrücken.

EIN GUTER GRUND, (NUR) AB UND ZU AVOCADOS ZU ESSEN:

Avocados sind gesund, keine Frage: Reichlich Vitamine und Spurenelemente und wertvolle (Omege-3-)Fettsäuren, die ansonsten in diesem Maße nur in Fisch, Nüssen oder Leinöl enthalten sind. Ideal also für Veganer (auch als Butterersatz) und Vegetarier. Darum ist ein wahrer Hype um diese Frucht entstanden, die hauptsächlich in Südamerika, speziell in Mexiko angebaut wird. Dort führt die verstärkte Nachfrage zu immer mehr Problemen bei der Beschaffung neuer Anbauflächen: Zwischen 1500 und 4000 Hektar Wald werden dafür jährlich gerodet. Zusammen mit der nötigen intensiven Bewässerung und dem langen Transportweg macht das die Superfrucht aus Übersee ökologisch eigentlich unvertretbar.

Darum: ***Wer sich ab und zu das Gesundheitsplus und den Geschmack von Avocados leisten will, sollte dafür etwas mehr ausgeben und zu Avocados mit Bio-Kennzeichnung greifen, die in Spanien oder Israel nachhaltiger angebaut werden und kürzere Transportwege haben.***

SANDWICH

MIT MÖHREN-FRISCHKÄSE

Für 4 Personen

Zutaten

- 2 Möhren
- 1 EL Zitronensaft
- 200 g Doppelrahm-Frischkäse
- 2 TL Meerrettich (aus dem Glas oder der Tube)
- 1-2 EL Sahne
- Salz - Pfeffer
- 3 Stängel Dill
- 1 Bund Radieschen
- 8 Salatblätter (z.B. Kopfsalat)
- 4 (Vollkorn-) Brötchen

So geht's

1 Die Möhren schälen, putzen, auf der Rohkostreibe grob raspeln und mit dem Zitronensaft mischen. Mit Frischkäse, Meerrettich und Sahne verrühren, dann mit Salz und Pfeffer würzen. Dill waschen, trocken schütteln, die Spitzen abzupfen, fein zerschneiden und untermischen.

2 Die Radieschen putzen, waschen und in dünne Scheiben schneiden. Den Salat waschen und trocken schleudern. Die Brötchen aufschneiden und die untere Hälfte mit Möhren-Frischkäse bestreichen. Die Radieschenscheiben darauf verteilen, leicht salzen und mit den Salatblättern abdecken. Die obere Brötchenhälfte darauflegen und leicht andrücken.

Kichererbsen-
Omelett
Saftiges
Tofu-Rührei
Käse-Tomaten-
Omelett

KÄSE-TOMATEN-OMELETT

Für 4 Personen

Zutaten

2 Tomaten
1 großer Bund Schnittlauch
80g Bergkäse
6 Eier (Größe M)
6EL Sahne
Salz · Pfeffer
1 Prise frisch geriebene Muskatnuss
Pflanzenöl zum Braten (alternativ Butterschmalz)

So geht's

1 Die Tomaten waschen und quer in dünne Scheiben schneiden, dabei den Stielansatz entfernen. Den Schnittlauch waschen, trocken schütteln und in feine Röllchen schneiden. Den Käse auf der Käse- oder Rohkostreibe reiben oder grob raspeln. Eier und Sahne in einer Schüssel kräftig mit dem Schneebesen verquirlen, mit Salz, Pfeffer und Muskatnuss würzen. Die Hälfte der Schnittlauchröllchen unterrühren.

2 Wenig Öl oder Schmalz in einer kleinen beschichteten Pfanne (ø 15cm oder 17cm) erhitzen. Die Hälfte der Eiermischung hineingeben und mit der Hälfte Käse bestreuen. Bei niedriger Hitze zugedeckt in ca. 5 Minuten stocken lassen. Auf einen Teller geben und zugedeckt warm halten. Das zweite Omelett ebenso backen. Omeletts halbieren, mit Tomatenscheiben belegen, salzen und pfeffern. Mit übrigem Schnittlauch bestreuen.

TIPP: *Nach diesem Prinzip lassen sich immer wieder neue Omeletts kreiieren: ein perfektes Frühstück oder ein schnelles Abendessen!*

KICHERERBSEN-OMELETT

Für 4 Personen

Zutaten

150g Kichererbsenmehl
1EL Leinsamenmehl (nach Belieben)
½TL Backpulver
350ml Mandel- oder Haferdrink
1EL Weißweinessig
½TL Kala Namak (siehe Seite 51)
¼TL gemahlene Kurkuma
Salz · Pfeffer
100g Champignons
1 große Tomate
2 Frühlingszwiebeln
Pflanzenöl zum Braten

So geht's

1 Kichererbsen- und Leinsamenmehl mit Backpulver mischen, dann mit dem Schneebesen nach und nach Pflanzendrink und Essig unterrühren. Mit Kala Namak, Kurkuma, wenig Salz und Pfeffer würzen. 10 Minuten quellen lassen, eventuell etwas Wasser unterrühren.

2 Inzwischen die Pilze putzen, halbieren und die Hälften quer in Scheiben schneiden. Die Tomate waschen, halbieren, entkernen und die Fruchthälften klein würfeln. Die Frühlingszwiebeln putzen, waschen, den grünen und weißen Teil getrennt in feine Ringe schneiden.

3 In einer großen beschichteten Pfanne ausreichend Öl erhitzen, darin die weißen Zwiebelringe und die Pilze bei mittlerer bis großer Hitze braten, bis sie leicht bräunen, und möglichst viel Flüssigkeit verdampft. Aus der Pfanne nehmen und mit den Tomatenwürfeln und grünen Zwiebelringen unter den Kichererbsenteig mischen.

4 Die Pfanne sauber wischen, ein wenig Öl zugeben und heiß werden lassen. Die Hälfte Teig hineingeben und bei mittlerer Hitze zugedeckt 5–7 Minuten garen, bis das Omelett unten gebräunt und obenauf fest ist. Nach Wunsch nochmals wenden und die obere Seite bräunen. Dann auf einen Teller gleiten lassen, vierteln und eventuell zugedeckt bis zum Servieren warm halten. Den übrigen Teig wie beschrieben verarbeiten.

SAFTIGES TOFU-RÜHREI

Für 4 Personen

Zutaten

- 400g Natur-Tofu
- 2 Frühlingszwiebeln
- 2EL Pflanzenöl
- ½ TL gemahlene Kurkuma
- 8EL Soja-Joghurtalternative Skyr-Style natur
- 1TL Kala Namak (siehe Tipp)
- Pfeffer

So geht's

1 Den Tofu gut trocken tupfen, in sehr feine Scheiben schneiden und klein zupfen. Die Frühlingszwiebeln putzen und waschen. Den weißen Teil in feine Würfel schneiden, den grünen Teil in schmale Ringe schneiden.

2 Das Öl in einer beschichteten Pfanne erhitzen. Die weißen Frühlingszwiebeln darin kurz andünsten. Den Tofu zugeben und unter Wenden ca. 5 Minuten anbraten, bis er beginnt zu bräunen. Dann Kurkuma einrühren, den Soja-Joghurt nach und nach zugeben und das „Rührei" weitere ca. 3 Minuten braten. Mit Kala Namak und Pfeffer würzen. Mit Frühlingszwiebelgrün bestreuen und sofort servieren.

VEGGIE-STAR: *Der Clou bei diesem Rezept ist das indische Schwefelsalz Kala Namak. Die Schwefelnote verleiht dem Gericht den typischen Ei-Geschmack. Du findest es in Bio-Läden, gut sortierten Asien-Läden oder im Internet. Natürlich gelingt das Rezept auch mit gewöhnlichem Salz, dann fehlt jedoch die Ei-Note.*

EIN GUTER GRUND, NICHT JEDEN TAG EIN EI ZU ESSEN:

Eier sind gesund, enthalten jede Menge hochwertiges Eiweiß, wenig Kohlenhydrate und darüber hinaus alle der acht lebenswichtigen Aminosäuren, die unser Körper nicht selbst bilden kann, sondern über (meist tierische) Nahrung zu sich nehmen muss. Die alte Mär, dass sie den Cholesterinspiegel in die Höhe treiben, ist heute widerlegt und gerade schlankheitsbewusste Low-Carb-Fans essen reichlich Ei. Allerdings muss man sich über die Bedingungen klar werden, unter denen Hühner teilweise in Legebatterien gehalten werden: Eier legen im Akkord bis zur völligen Auszehrung, eng eingepfercht in Käfige, ohne natürliches Licht. Und weil es nur Hennen braucht, werden männliche Küken direkt nach dem Schlüpfen geschreddert – da vergeht einem der Appetit aufs morgendliche Ei.

Darum: *Besser der DGE-Empfehlung folgen und höchstens 1–2 Eier pro Woche (Sonntagsei!) genießen und beim Kauf auf die Kennzeichnung der Eier achten. Die ersten Ziffern verraten einiges über die Haltung: 0 steht für Bio-Haltung, 1 für Freilandhaltung und 3 für Bodenhaltung, was im Klartext Käfighaltung in Gruppen bedeutet. Bei Bio-Eiern gelten nochmals strengere Auflagen, und die „Bruderhahn-Initiative", die auf manchen Verpackungen ausgewiesen ist, verspricht eine Aufzucht auch männlicher Küken. Oder mal eines unserer beiden ebenfalls proteinreichen, veganen „Eiergerichte" ausprobieren.*

SNACKS UND FAST FOOD

KICHERERBSEN-
WRAPS

Für 4 Personen

Zutaten

2EL Tahin (Sesammus)
4EL griechischer Joghurt (10% Fett)
1 Knoblauchzehe
2 Zitronen
½TL Honig
½TL gemahlener Kreuzkümmel
Salz - Pfeffer
1 Dose Kichererbsen (240g Abtropfgewicht)
2 Tomaten
2 Frühlingszwiebeln
2 EL Olivenöl
3 Stängel Minze
1 kleines Bund Rucola
4 (Vollkorn-)Tortilla-Wraps (Fertigprodukt)

So geht's

1 Tahin und Joghurt in ein hohes Mixgefäß geben. Den Knoblauch schälen und dazu pressen. Die Zitronen auspressen. Etwa die Hälfte Zitronensaft, den Honig und 4EL kaltes Wasser dazu geben. Alles mit dem Stabmixer fein pürieren, mit Kreuzkümmel, Salz und Pfeffer würzen. Nochmals mit etwas Zitronensaft abschmecken und etwas Wasser unterrühren, das Dressing sollte aber dickflüssig bleiben.

2 Die Kichererbsen in ein Sieb abgießen, kalt abbrausen und abtropfen lassen. Die Frühlingszwiebeln putzen, waschen und mit dem Grün in feine Ringe schneiden. Die Tomaten halbieren, die Kerne entfernen und das Fruchtfleisch klein würfeln. 2EL Zitronensaft mit Olivenöl kräftig verschlagen, salzen und pfeffern und mit Kichererbsen, Tomaten und Frühlingszwiebeln mischen. 10 Minuten ziehen lassen.

3 Währenddessen die Minze waschen, trocken schütteln, die Blättchen abzupfen und grob zerschneiden. Unter die Kichererbsen mischen. Den Rucola waschen, trocken schütteln, grobe Stiele abschneiden. Die Wraps nach Wunsch nach Packungsanweisung aufbacken. Den Rucola längs in der Mitte des Wraps verteilen, darauf die Kichererbsenmischung geben und alles mit Tahin-Joghurt-Dressing beträufeln. Dabei genügend Platz zu den Seiten links und rechts lassen. Erst die linke, dann die rechte Seite über die Füllung legen, dann den Wrap von unten nach oben aufrollen. Nach Wunsch in der Mitte halbieren.

EIN GUTER GRUND, TAHIN IM HAUS ZU HABEN:

Tahin ist eine Paste aus zermahlenem Sesam. Wie Sesam selbst enthält sie in hohem Maße gesunde ungesättigte Fettsäuren (u. a. Omega-6-Fettsäure), pflanzliches Protein und Eisen, an das Veganer und Vegetarier schwerer kommen als Fleischesser. Gedoppelt und ergänzt in seiner Wirkung wird es hier – wie auch im Hummusrezept von Seite 40 – durch Kichererbsen und Zitronensaft: denn Vitamin C fördert die Aufnahme von Eisen. Tahin macht viele Dips cremig, passt in einen Smoothie (Seite 37) oder anstelle von Butter als Brotaufstrich – mit Salz, Pfeffer, ein paar Radieschen-, Gurken- oder Tomatenscheiben obenauf – fertig!

CAPRESE-
TOAST

Für 4 Personen

Zutaten

1 kleine Zucchini (ca. 300g)
2EL Olivenöl
Salz - Pfeffer
1 Kugel Mozzarella (125g)
2 Tomaten
4 Stängel Basilikum
8 Scheiben Vollkorn-Sandwichtoast
4TL grünes Pesto (selbstgemacht oder aus dem Glas)

So geht's

1 Die Zucchini waschen, trocken tupfen und in dünne Scheiben schneiden oder hobeln. Eine beschichtete Pfanne mit 1EL Öl ausstreichen. Die Zucchinischeiben darin verteilen, salzen und bei mittlerer Hitze pro Seite 2–3 Minuten braten. Mit Pfeffer würzen, herausnehmen und auf Küchenpapier abtropfen lassen.

2 Den Mozzarella trocken tupfen und in dünne Scheiben schneiden. Die Tomaten waschen, trocken tupfen und in Scheiben schneiden. Das Basilikum waschen, trocken schütteln und die Blättchen von den Stielen zupfen.

3 Die Toastscheiben mit je 1TL Pesto dünn bestreichen. Nacheinander mit Zucchini, Tomaten, Mozzarella und Basilikum belegen. Je eine zweite Toastscheibe auflegen. Ober- und Unterseite der Toasts jeweils dünn mit dem übrigen Öl bestreichen. Die Toasts nacheinander in einem Kontaktgrill oder Sandwichtoaster 4–5 Minuten grillen, bis sie außen knusprig sind. Alternativ in die Pfanne legen, mit einem Topf beschweren und bei mittlerer Hitze pro Seite 2–3 Minuten goldbraun braten. Dazu schmeckt ein frischer grüner Blattsalat.

SCHNELLE VARIANTE: *Statt der Zucchini eingelegtes Antipasti-Gemüse von der Kühltheke oder aus dem Glas gut abtropfen lassen und auf die Toasts legen. So sparst du dir das Anbraten der Zucchini.*

OFEN-BAGUETTES

MIT SALAT

Für 4 Personen

Zutaten

4 Frühlingszwiebeln
75g Emmentaler
1 kleine Dose Mais
(150g Abtropfgewicht)
½ Bund Schnittlauch
125g Crème fraîche
Salz - Pfeffer
frisch geriebene
Muskatnuss
1 Baguette (ca. 250g)
1EL Aceto balsamico
1TL Dijon-Senf
½TL Honig
3EL Olivenöl
1 Kopfsalat
3 Tomaten

So geht's

1 Den Backofen auf 175 °C Ober-/Unterhitze (150 °C Umluft) vorheizen. Die Frühlingszwiebeln putzen, waschen und fein schneiden. Den Emmentaler raspeln. Den Mais abgießen und gut abtropfen lassen. Den Schnittlauch waschen, trocken schütteln und hacken. Alle vorbereiteten Zutaten mit der Crème fraîche in eine Schüssel geben und gut mischen. Mit Salz, Pfeffer und etwas Muskat kräftig abschmecken.

2 Das Baguette halbieren und die Hälften jeweils waagerecht aufschneiden, so dass 4 Stücke entstehen. Die Stücke auf ein Ofengitter legen. Die vorbereitete Masse auf den Baguettestücken verteilen. Im heißen Ofen ca. 12 Minuten überbacken.

3 Inzwischen für das Dressing Essig, Senf, Honig, Öl und etwas Salz und Pfeffer in ein Schraubglas geben, kräftig schütteln, mit Salz und Pfeffer abschmecken. Den Kopfsalat in mundgerechte Stücke zerpflücken, waschen und trocken schleudern. Die Tomaten waschen und in Stücke schneiden. Salat und Tomaten mit dem Dressing mischen. Die Baguettes mit dem Salat servieren.

EIN GUTER GRUND, EINEN GANZEN SALATKOPF ZU KAUFEN:

Salate peppen als schnelle Beilage jedes Gericht auf und bringen noch ein paar Vitamine extra. Und weil es noch schneller geht, greifen immer mehr Deutsche zu abgepackten Salatmischungen, bei denen Salat bereits gewaschen und in Stücke zerteilt ist. Die kann man allerdings getrost den Hasen geben (oder zum Wohle der Hasen vielleicht besser nicht): Laut einer Untersuchung von Öko-Test erschien von 9 Mischungen gerade eine empfehlenswert. Denn einmal zerkleinert, tritt aus den Salatblättern Saft aus, der idealer Nährboden für Keime, Schimmelpilze und Hefen bildet. Um das zu vermeiden, wässern einige Hersteller die Blätter deshalb mit warmem, chloriertem Wasser – neben den Plastiktüten, in die die Salate verpackt werden, ein weiterer unnötiger Ressourcenverbrauch.

Darum: *Besser ganze, unverpackte Salate, der Saison entsprechend (siehe auch Seite 17) nehmen. Die sind ebenfalls schnell zerteilt, in wenig Leitungswasser gewaschen und dann so fix gegessen, dass kein Keim eine Chance hat. Und wird einmal kein ganzer Salat gebraucht, einfach die äußeren Blätter abnehmen und den übrigen inneren Kopf im Gemüsefach lagern.*

NO WASTE

Beim Belag der Baguettes kannst du nach Lust, Laune und Vorrat variieren und z.B. prima Gemüse-, Käse- und Milchproduktreste verwerten.

BLUMENKOHL-DÖNER

Für 4 Personen

Zutaten

FÜR DEN DÖNER:
1 Blumenkohl (ca. 900g)
1 Knoblauchzehe
4 EL Olivenöl
2 EL Tomatenmark
1 EL Zitronensaft
¾ TL gemahlener Kreuzkümmel
¾ edelsüßes Paprikapulver
½ TL getrockneter Oregano
2-4 Msp. Chilipulver
(Rauch-)Salz
Pfeffer
1 Mini-Romanasalat
2 Tomaten
4 Pita-Brotfladen zum Aufbacken (Fertigprodukt)

FÜR DAS DRESSING:
3 Stängel Minze
200 g griechischer Joghurt (10% Fett)
Salz - Pfeffer
¼ TL gemahlener Kreuzkümmel

So geht's

1 Für den Döner den Backofen auf 200 °C Ober-/Unterhitze (Umluft 180 °C) vorheizen, ein Blech mit Backpapier belegen. Währenddessen Blumenkohl waschen, putzen und in mundgerechte Röschen brechen oder schneiden. Knoblauch schälen. Die Hälfte Öl mit Tomatenmark, Zitronensaft, Kreuzkümmel, Paprikapulver, Oregano und Chilipulver (je nach persönlichem Schärfeempfinden mehr oder weniger) verrühren. Übriges Öl in einer beschichteten Pfanne erhitzen, darin den Blumenkohl unter Rühren 4–5 Minuten anbraten. Knoblauch und Würzöl zugeben und 1–2 Minuten unter Rühren mitrösten.

2 Blumenkohl vom Herd nehmen, salzen, pfeffern und gründlich im Bratöl wenden, dann auf dem Blech verteilen. Im heißen Ofen 25–30 Minuten garen, dabei ein- bis zweimal umrühren. In den letzten 5 Minuten den Backofengrill auf höchster Stufe zuschalten und den Blumenkohl leicht braun rösten.

3 Inzwischen für das Dressing Minze waschen, trocken schütteln, Blättchen abzupfen und fein hacken. Unter den Joghurt rühren und diesen mit Salz, Pfeffer und Kreuzkümmel kräftig würzen, mit 2 EL kaltem Wasser glatt rühren und kühl stellen.

4 Salat in Blätter zerpflücken, waschen und trocken schleudern, dann die Blätter quer in schmale Streifen schneiden. Tomaten waschen und klein würfeln, dabei den Stielansatz entfernen. Pitataschen nach Packungsanweisung aufbacken, nach Wunsch warmhalten. Blumenkohl aus dem Ofen nehmen, Pitataschen öffnen und mit Salat und Tomatenwürfeln füllen, den Blumenkohl darauf verteilen. Joghurtdressing darüberträufeln und warm servieren.

EIN GUTER GRUND, ÖFTERS MAL ZU BLUMENKOHL ZU GREIFEN:

Die weißen Röschen lassen sich nicht nur unglaublich vielfältig verwenden und würzen, sie gehören auch zu den besonders klimafreundlichen Gemüsesorten. Denn Blumenkohl wächst in unseren Breiten und ist so robust, dass er so gut wie immer aus dem Freiland kommt. Das reduziert den ökologischen Fußabdruck gleich doppelt. Ebenso klimafreundlich sind auch andere Kohlsorten wie Weiß-, Rotkohl oder Wirsing aus der Region und Wurzelgemüse wie Möhren, Pastinaken oder Rüben.

HALLOUMI-AUBERGINE-BURGER

Für 4 Personen

Zutaten

FÜR DAS PESTO:
70g Petersilie
1 Knoblauchzehe
30g Walnusskerne
½ Bio-Zitrone
120ml Olivenöl
Salz - Pfeffer
Chilipulver

FÜR DEN BURGER:
1 Fleischtomate
1 Bund Rucola
1 große Aubergine
Olivenöl zum Braten
4 Burger-Brötchen (Burger-Buns)
40g Butter
250g Halloumi

So geht's

1 Für das Pesto die Petersilie waschen, trocken schütteln und mit den Stielen grob zerschneiden. Knoblauch schälen und grob hacken, Walnüsse grob zerhacken. Zitrone waschen, abtrocknen, die Schale fein abreiben und den Saft auspressen. Petersilie, Walnüsse, Knoblauch, ½TL Zitronenschale, 1EL Saft und Olivenöl im Blitzhacker oder mit dem Stabmixer fein pürieren, falls nötig, ein wenig Wasser zugeben. Mit Salz, Pfeffer und Chilipulver pikant abschmecken.

2 Für die Burger die Tomate waschen und quer in dünne Scheiben schneiden, dabei den Stielansatz entfernen. Den Rucola waschen, trocken schütteln, grobe Stiele entfernen und die Blättchen grob zerzupfen oder zerschneiden. Die Aubergine in gut 5mm dicke Scheiben schneiden. In einer (Grill-)Pfanne ausreichend Öl erhitzen, darin die Auberginenscheiben rundum braun braten, salzen und pfeffern.

3 Die Burger-Buns in zwei Hälften schneiden. Die Hälfte Butter in einer beschichteten Pfanne schmelzen und aufschäumen lassen, 4 Bun-Hälften mit der Schnittfläche nach unten hineingeben und 1–2 Minuten bei mittlerer Hitze anrösten. Übrige Hälften in übriger Butter ebenso anrösten. Den Halloumi in Scheiben schneiden.

4 Pfanne säubern, etwas Öl hineingeben und darin den Halloumi beidseitig in jeweils 3–4 Minuten bei mittlerer Hitze braun braten. Inzwischen die unteren Bun-Hälften mit Rucola und 1–2 Scheiben Aubergine belegen. Den Halloumi auf die Auberginen legen und mit Pesto beträufeln. Mit 1–2 Tomatenscheiben abdecken, obere Brötchenhälften auflegen, leicht andrücken und servieren.

EIN GUTER GRUND, KRÄUTER BUNDWEISE ZU KAUFEN:

Kräuter verfeinern nicht nur Speisen, sondern enthalten große Mengen an Vitaminen, Mineralstoffen und sekundären Pflanzenstoffen, wie hier im Fall von Petersilie: Beta-Carotin, Folsäure und Mangan. Also ruhig üppig Petersilie, Basilikum, Dill und Co. gehackt über Speisen streuen! Frisch im Bund gekauft sind sie oft preiswert und auf jeden Fall plastikverpackter Ware vorzuziehen, bei der man die Packung kräftig mitbezahlt. Übrig gebliebene Kräuter einfach in ein feuchtes Tuch schlagen und in eine Plastiktüte gepackt im Gemüsefach lagern. Kleine Reste fein hacken, in Gefrierdöschen einfrieren und später in warmen Speisen verarbeiten.

Indischer Blumenkohl-Burger
Kichererbsen-Burger-Pattys
Linsenburger-Pattys

LINSENBURGER-PATTYS

Für 4 Personen

Zutaten

400ml Gemüsebrühe
150g rote Linsen
1 Lorbeerblatt
1 kleine Zwiebel
1 Knoblauchzehe
1-2EL Pflanzenöl + zum Braten
½ Bund Petersilie
70g Kleinblatt-Haferflocken
Salz - Pfeffer
½TL gemahlener Kreuzkümmel
2Msp. Chilipulver
4EL Paniermehl

So geht's

1 Die Gemüsebrühe aufkochen, Linsen und Lorbeerblatt zugeben und bei niedriger bis mittlerer Hitze zugedeckt in 15–20 Minuten garen, bis die Flüssigkeit vollständig verkocht ist. Leicht abkühlen lassen und das Lorbeerblatt entfernen.

2 Inzwischen Zwiebel und Knoblauch schälen und fein würfeln. In einer beschichteten Pfanne 1–2EL Öl erhitzen, darin Zwiebel und Knoblauch langsam andünsten, bis sie weich sind und leicht zu bräunen beginnen. Inzwischen die Petersilie waschen, trocken schütteln, die Blättchen abzupfen und fein hacken.

3 Die Linsen mit der angedünsteten Zwiebelmasse, der Petersilie und den Haferflocken verrühren, mit Salz, Pfeffer, Kreuzkümmel und Chilipulver pikant abschmecken und 15–20 Minuten quellen lassen. Anschließend aus der Masse 4 etwa gleichgroße Burger-Pattys formen, im Paniermehl wenden und dieses leicht andrücken. Die Pfanne sauber wischen, ausreichend Öl darin erhitzen. Darin die Patties beidseitig in jeweils 4–5 Minuten braun braten.

KICHERERBSEN-BURGER-PATTYS

Für 4 Personen

Zutaten

80g Quinoa
2 Dosen Kichererbsen (à 240g Abtropfgewicht)
1EL Vollkorn-Paniermehl
1 gehäufter EL Mehl
4EL grob gehackte glatte Petersilie
2TL scharfes Paprikapulver (am besten geräuchert)
Salz - Pfeffer
2-3EL Pflanzenöl

So geht's

1 Quinoa kalt abspülen und nach Packungsanweisung in Wasser garen, abgießen und gut abtropfen lassen. Kichererbsen abgießen, abspülen und abtropfen lassen. Kichererbsen und Quinoa mit Paniermehl, Mehl, Petersilie, Paprika, Salz und Pfeffer in einen hohen Rührbecher oder Mixer geben und zu einer zähen Masse pürieren. Mit angefeuchteten Händen zu 4 flachen Pattys (ca. 11cm Ø) formen.

2 Das Öl in einer großen beschichteten Pfanne erhitzen. Die Pattys darin bei mittlerer Hitze pro Seite 5–6 Minuten braten. Auskühlen lassen.

EIN GUTER GRUND, BEI QUINOA DAS ETIKETT ZU STUDIEREN:

Mittlerweile gibt es Quinoa auch aus europäischem Anbau und in Bio-Qualität. Das macht das Inka-Korn durch kürzere Transportwege und schonenderen Anbau in Sachen Klimaschutz verträglicher als Quinoa aus Südamerika. Achtet daher beim Einkauf am besten auf die Herkunft.

INDISCHER BLUMENKOHL-BURGER

Für 4 Personen

Zutaten

FÜR DIE PATTYS:
500g mehlig kochende Kartoffeln
450g Blumenkohl
1 Knoblauchzehe
15g frischer Ingwer
Butterschmalz (alternativ Pflanzenöl zum Braten
¼TL gemahlene Kurkuma
½TL gemahlener Kreuzkümmel
2Msp. Chilipulver
⅔ Bund Koriandergrün
1-2EL frisch gepresster Zitronensaft
Salz - Pfeffer

AUSSERDEM:
4 Salatblätter
1 große Tomate
150g Joghurt
3EL Mayonnaise (aus dem Glas)
½TL Currypulver
Salz - Pfeffer
4 Burger-Brötchen (Burger-Buns)

So geht's

1 Kartoffeln waschen und in ausreichend Salzwasser in 20–25 Minuten zugedeckt bei mittlerer Hitze garen. Abgießen, ausdampfen lassen und lauwarm durch die Kartoffelpresse drücken.

2 Währenddessen den Blumenkohl waschen, putzen, in einzelne Röschen brechen und diese erst mit dem Messer in Scheiben schneiden und dann klein hacken oder im Blitzhacker grob zu „Blumenkohlreis“ zerhacken. Knoblauch und Ingwer schälen und fein hacken. In einer Pfanne 2–3EL Butterschmalz oder Öl erhitzen, darin Blumenkohl, Ingwer und Knoblauch unter Rühren 2–4 Minuten bei großer Hitze braten – der Blumenkohl sollte sogar leicht bräunen. Die gemahlenen Gewürze unterrühren und weitere 5–6 Minuten unter Rühren garen, dabei, falls nötig, ab und an einen Löffel Wasser zugeben, damit er nicht anbrennt – am Ende sollte er noch leicht Biss haben und die Flüssigkeit verdunstet sein. Leicht abkühlen lassen.

3 Koriandergrün waschen, trocken schütteln, Blättchen abzupfen und fein hacken. Die durchgepressten Kartoffeln mit Blumenkohl mischen, mit Zitronensaft, Salz und Peffer würzen, dann zu einer homogenen Masse zusammenkneten. Daraus 4 etwa gleich große flache Plätzchen (Pattys) formen. In einer großen beschichteten Pfanne reichlich Öl erhitzen, darin die Plätzchen beidseitig in jeweils 5–6 Minuten braun braten.

4 Währenddessen Salat waschen und trocken tupfen, Tomate waschen und quer in dünne Scheiben schneiden, dabei den Stielansatz entfernen. Joghurt, Mayonnaise und Currypulver verrühren, mit Salz und Pfeffer würzen. Burger-Buns eventuell aufrösten. Die untere und obere Seite jeweils mit Currycreme bestreichen. Auf die untere Hälfte je 1 Salatblatt, Tomatenscheiben und Blumenkohlpatty legen. Obere Hälfte auflegen, leicht festdrücken und servieren.

EIN GUTER GRUND, BEI BURGERN AUF FLEISCH ZU VERZICHTEN:

Bei der Produktion von einem Kilo Rindfleisch wird über 20 Mal so viel CO_2 ausgestoßen wie bei der Produktion von Hülsenfrüchten wie z.B. Linsen. Im Mix mit Vollkorngetreide wie Haferflocken oder Pseudogetreide wie Quinoa liefern die pflanzlichen Patties trotzdem mindestens genauso hochwertiges Eiweiß. Aufgepeppt mit Gewürzen und Kräutern schmecken sie auch mindestens genauso gut.

CHILI-SOJA-**TACOS**

Für 4 Personen

Zutaten

200g feine Sojaschnetzel
1 große rote Paprika
2 Tomaten
2 kleine rote Zwiebeln
2 Knoblauchzehen
½ Bund Koriandergrün
Pflanzenöl zum Braten
1EL Tomatenmark
¼TL getrockneter Oregano
½-¾TL Chili-con-Carne-Gewürzmischung
Rauchsalz (nach Belieben)
Salz - Pfeffer
8 (Vollkorn-)Tortilla-Wraps oder Taco Shells (Fertigprodukt)
150g Saure Sahne

So geht's

1 In einem Topf 600ml Wasser aufkochen. Sojaschnetzel zugeben, aufkochen und auf der ausgeschalteten, warmen Herdplatte 10 Minuten quellen lassen.

2 Währenddessen Paprika vierteln, putzen, waschen und in ca. 5mm große Würfel schneiden. Tomaten halbieren, Kerne entfernen, das Fruchtfleisch in kleine Würfel schneiden. Zwiebeln schälen, 1 Zwiebel halbieren und eine Hälfte gröber, die übrigen Zwiebeln feiner würfeln. Knoblauch schälen und fein hacken. Koriandergrün waschen, trocken schütteln, Blättchen abzupfen und grob hacken.

3 In einer beschichteten Pfanne 2–3EL Pflanzenöl erhitzen, darin die fein gewürfelten Zwiebel und den Knoblauch bei niedriger Hitze langsam goldgelb und weich dünsten. Paprika zugeben und bei großer Hitze 2–3 Minuten unter Rühren braten, salzen und pfeffern. Tomatenmark zugeben und unter Rühren kurz mitanrösten. Sojaschnetzel zugeben und mit Chili-con-carne-Gewürzmischung und, nach Belieben, Rauchsalz würzen. Unter Rühren 2–4 Minuten bei mittlerer Hitze braten, bis sich alles schön verbindet. Falls nötig, ein wenig Wasser zugeben, damit nichts anbrennt. Mit Salz und Pfeffer abschmecken.

4 Die Chili-Soja-Masse gleichmäßig auf die Tortillas oder Tacos verteilen, mit Saurer Sahne beträufeln und mit Tomatenwürfeln, Zwiebelwürfeln sowie Koriandergrün bestreuen.

EIN GUTER GRUND FÜR „SOJASCHNETZEL“: Bei „Sojaschnetzeln“ (in der Fachsprache „texturiertes Soja“) handelt es sich um entfettetes Sojamehl, das in speziellen Maschinen in unterschiedlichste Formen (verschieden große „Schnetzel“, Würfel, „Steaks“, etc.) gebracht wird. Seine Vorteile: Es ist proteinreich, fettarm und cholesterinfrei und eignet sich daher für Vegetarier als gesunder Fleischersatz. Sein Nachteil: Es schmeckt nach so gut wie nichts. Da helfen Gemüsebrühe beim Einweichen und würzige Saucen, in denen man das „Sojafleisch“ anschließend gart.

Darum: *Sojaschnetzel sind ein guter Fleischersatz, sollten aber wie Fleisch nicht im Übermaß gegessen werden (siehe Ernährungspyramide S. 13). Damit's auch fleischig, herzhaft schmeckt, gut würzen oder in kräftiger, gewürzter Brühe einweichen.*

PAPRIKA-QUESADILLAS

MIT SOUR-CREAM-DIP

Für 4 Personen

Zutaten

FÜR DEN DIP:
100g Schmand
120g Joghurt
4 Spritzer Limettensaft
Salz - Pfeffer
⅓TL gemahlener Kreuzkümmel
2EL gehacktes Koriandergrün
(nach Belieben)

FÜR DIE QUESADILLAS:
je 1 kleine rote, gelbe
und grüne Paprika
1 Dose Mais
(ca. 150g Abtropfgewicht)
1 rote Zwiebel
1 Knoblauchzehe
5EL Pflanzenöl
Salz - Pfeffer
1TL Tomatenmark
Saft von 1 Orange
⅓TL getrockneter Oregano
½TL gemahlener Kreuzkümmel
3Msp. Chilipulver
2EL gehacktes Koriandergrün
(nach Belieben)
4 (Vollkorn-)Tortilla-Wraps
(Fertigprodukt)
150g geriebener Mozzarella
(Fertigprodukt, ersatzweise frisch geriebener
mittelalter Gouda)

So geht's

1 Für den Dip Schmand mit Joghurt glatt verrühren. Nach Bedarf 1–2EL Wasser unterrühren. Mit Limettensaft, Salz, Pfeffer und Kreuzkümmel würzen und nach Belieben Koriandergrün unterrühren.

2 Für die Quesadillas Paprika vierteln, putzen, waschen und in ca. 1cm große Würfel schneiden. Mais in ein Sieb abgießen, kalt abbrausen und abtropfen lassen. Zwiebel und Knoblauch schälen und klein würfeln. 3EL Öl in einer beschichteten Pfanne erhitzen, darin Zwiebel und Knoblauch langsam andünsten, bis sie goldgelb sind. Paprika zugeben, salzen, pfeffern und bei mittlerer bis großer Hitze unter Rühren braten, bis sie leicht zu bräunen beginnen.

3 Tomatenmark unterrühren und mit Orangensaft ablöschen. Mais, Oregano, Kreuzkümmel und Chilipulver unterrühren und offen bei niedriger Hitze ca. 20 Minuten garen, bis die Paprika schön weich und die Flüssigkeit fast vollständig verkocht ist. Falls nötig, zwischendurch 1–2EL Wasser zugeben. Vom Herd nehmen, leicht auskühlen lassen, nach Wunsch Koriandergrün untermischen.

4 Zwei Tortillas bis dicht an den Rand mit dem Paprika-Mais-Gemüse belegen, darüber den Käse verteilen. Die Tortillas mit den 2 übrigen Tortillas abdecken und diese leicht andrücken. Obere Tortillas dünn mit ½EL Öl bepinseln. Eine beschichteten Pfanne ebenfalls mit ½EL Öl auspinseln und erhitzen. Erste Quesadilla mit der Seite ohne Öl nach unten hineinlegen und 2 Minuten bei mittlerer Hitze braten, wenden und nochmals 2–3 Minuten braten. Herausnehmen und mit einem scharfen Messer vierteln oder achteln. Die zweite Quesadilla ebenfalls wie beschrieben braten. Quesadillas mit dem Sour-Cream-Sauce zum Dippen servieren.

ZUCCHINI-KROKETTEN

MIT JOGHURT-DIP

Für 4 Personen

Zutaten

FÜR DIE KROKETTEN:
1 Zwiebel
2 Zucchini (ca. 500g)
5 Stängel Basilikum
5EL Olivenöl
Salz - Pfeffer
1 Ei (Größe M)
ca. 150g Vollkorn-Paniermehl
200g vegetarischer Schafskäse (siehe Seite 136)

FÜR DEN JOGHURT-DIP:
1 Knoblauchzehe
½ Bio-Zitrone
250g griechischer Joghurt (5% Fett)
Salz - Pfeffer

So geht's

1 Für die Kroketten die Zwiebel schälen und fein würfeln. Die Zucchini waschen, putzen und grob raspeln. Raspel auf ein sauberes Küchentuch geben und durch Eindrehen des Tuches sehr gut ausdrücken. Das Basilikum waschen, trocken schütteln, die Blättchen von den Stielen zupfen und hacken. 1EL Öl in einer Pfanne erhitzen. Die Zwiebel darin andünsten. Zucchiniraspel zugeben und unter Wenden ca. 5 Minuten braten, salzen und pfeffern. Basilikum unterrühren.

2 Zucchini-Mix in eine Rührschüssel geben. Das Ei trennen, Eiweiß zur Seite stellen. Eigelb und ca. 90 g Paniermehl zum Zucchini-Mix geben. Den Käse dazubröseln und alles mit den Händen zu einer formbaren Masse verkneten. Salzen und pfeffern. Restliches Paniermehl auf einen Teller geben. Die Zucchini-Masse zu 16 ca. 10cm langen Kroketten formen. Im restlichen Paniermehl wälzen.

3 4EL Öl in einer großen beschichteten Pfanne erhitzen. Kroketten darin 8–10 Minuten braten. Dabei mehrmals vorsichtig wenden, sodass sie rundherum knusprig und goldbraun werden. Auf Küchenpapier abtropfen lassen.

4 Für den Dip den Knoblauch schälen und fein hacken. Die Zitrone heiß waschen, trocken tupfen und ca. ½ TL Schale fein abreiben. 1–2 TL Saft auspressen. Den Joghurt mit Zitronesaft glatt rühren, mit Salz und Pfeffer abschmecken. Den Knoblauch und die Zitronenschale unterrühren. Den Dip zu den Kroketten servieren. Dazu schmecken ein Blatt- oder Tomatensalat.

MINI-GEMÜSE-
TORTILLA

Für 4 Personen

Zutaten

400 g gemischtes Gemüse (z.B. Möhren, Paprika, Fenchelknolle)
200 g gegarte Kartoffeln vom Vortag
1 Bund Petersilie
6 Eier (Größe M)
Salz · Pfeffer
Pflanzenöl für die Form

So geht's

1 Den Backofen auf 190 °C Ober-/Unterhitze (170 °C Umluft) vorheizen. Das Gemüse je nach Sorte waschen, putzen, schälen und sehr klein würfeln oder – bei festeren Sorten wie z.B. Möhren – grob raspeln. Die Kartoffeln ebenfalls sehr klein würfeln und unter das Gemüse mischen. Die Petersilie waschen, trocken schütteln, die Blätter von den Stielen zupfen und hacken.

2 Die Eier in einer Schüssel mit etwas Salz und Pfeffer verquirlen. Die Petersilie unterrühren. Die 12 Mulden eines Muffinblechs dünn mit Öl ausstreichen. Gemüse-Kartoffel-Mix in die Mulden verteilen und die Eiermasse gleichmäßig darübergießen. Im heißen Ofen (Mitte) ca. 12 Minuten backen.

3 Mini-Tortillas in der Form etwas abkühlen lassen, dann vorsichtig aus der Form lösen. Lauwarm oder kalt servieren.

EIN GUTER GRUND, RESTE ZU VERBRAUCHEN:

Weltweit landet rund ein Drittel der produzierten Lebensmittel im Müll. So werden unnötig Ressourcen verbraucht und das Klima belastet. Die Mini-Tortillas eignen sich perfekt dazu, auch noch den kleinsten Rest zu verwerten: Sie gelingen z.B. mit übrigen Kartoffeln vom Vortag oder mit Resten von rohem oder gekochtem Gemüse. Du kannst sie nach Lust, Laune, Saison und Vorrat variieren, die Kartoffeln auch weglassen und durch mehr Gemüse ersetzen oder statt Petersilie andere Kräuter verwenden.

SALATE, SUPPEN UND EINTÖPFE

FRÜHLINGS-
KARTOFFELSALAT

Für 4 Personen

Zutaten

800g junge Kartoffeln
mit dünner Schale
250g grüner Spargel
1 Bund Möhren
Salz
100g TK-Erbsen
1 große reife Avocado
1EL Zitronensaft
1 Bund Schnittlauch
1 große Handvoll Kerbel
3 Stängel Estragon
200g Saure Sahne
2EL Weißweinessig
Pfeffer
2-3Msp. Chilipulver

So geht's

1 Die Kartoffeln gründlich waschen, bzw. richtig gut sauber schrubben, dann in ausreichend Wasser in ca. 15–20 Minuten garen. Anschließend ausdampfen lassen und mitsamt Schale je nach Größe halbieren oder in Stücke scheiden.

2 Währenddessen den Spargel waschen, holzige Enden wegschneiden oder schälen und die Stangen in ca. 2,5cm lange Stücke schneiden, Köpfe ganz lassen. Die Möhren schälen und in ca. 3mm dicke Scheiben schneiden. Ausreichend Wasser zum Kochen bringen, salzen, Möhren und Spargel hineingeben und in 5–7 Minuten bissfest garen, dabei gegen Ende für 3 Minuten die Erbsen dazugeben und mitgaren. Das Gemüse in ein Sieb abgießen und kurz kalt abbrausen, abtropfen lassen.

3 Die Avocado halbieren, Kern entfernen und schälen. Das Fruchtfleisch in ca. 1cm große Würfel schneiden und sofort im Zitronensaft wenden, damit es nicht braun wird. Schnittlauch waschen, trocken schütteln und in Röllchen schneiden, den Kerbel und Estragon waschen und gut trocken schütteln. Estragonblätter abzupfen und grob zerschneiden, Kerbel nur grob zerzupfen. Die Hälfte Kerbel mit dem gesamten Estragon, 1EL Saurer Sahne und Essig pürieren, dann die übrige Saure Sahne unterrühren und mit Salz, Pfeffer und Chili würzen.

4 Die lauwarm abgekühlten Kartoffeln mit Möhren, Erbsen und dem Dressing mischen und evtl. nochmals mit Salz, Pfeffer und Chili abschmecken, dann die Avocado, übrigen Kerbel und den Schnittlauch unterheben.

WARUM KARTOFFELN MIT SCHALE O.K. SIND:

Kartoffeln enthalten wie viele Nachtschattengewächse das Pflanzengift Solanin. Es findet sich in der Schale in Keimstellen („Augen") und vor allem in grünen Stellen und Flecken. Doch allein für leichte Symptome wie Übelkeit und Erbrechen braucht es 2–3mg Solanin. Eine Person mit 60kg Körpergewicht müsste dazu 600 bis 900 g ungeschälte Kartoffeln essen! Kinder mit niedrigerem Körpergewicht oder Schwangere sollten entsprechend unter diesem Wert bleiben. Der Solaningehalt erhöht sich bei langer, zu heller und zu warmer Lagerung. Haben die Kartoffeln schon Keime, grüne Flecke und Augen gebildet, sollte man sie nicht mehr verwenden.

Darum: *Kartoffeln bei 4–6 °C im Dunkeln lagern (nicht im Kühlschrank, dort können sie faulen oder schimmeln). Bei jungen Frühlingskartoffeln mit dünner Schale (Drillinge) besteht so gut wie keine Gefahr. Sie müssen nicht geschält werden.*

SOMMER-
BROTSALAT

Für 4 Personen

Zutaten

200g altbackenes Vollkorn- oder Weißbrot (z.B. Baguette oder Ciabatta)
2 Knoblauchzehen
8EL Olivenöl
1 Dose weiße Bohnen (400g Füllgewicht)
60g schwarze Oliven (ohne Stein)
800g (Fleisch-)Tomaten
2 Stangen Staudensellerie
1 kleine rote Zwiebel
5-6EL Rotweinessig
1TL Ahornsirup
⅓TL getrockneter Oregano
Salz - Pfeffer
5 Stängel Basilikum

So geht's

1 Den Backofen auf 200 °C (Ober-/Unterhitze) vorheizen. Währenddessen das Brot in 2–3cm große Würfel schneiden. Knoblauch schälen, in ein Schälchen pressen und mit 3EL Olivenöl verrühren. Das Brot mit dem Knoblauchöl auf einem mit Backpapier belegten Blech mischen und im heißen Ofen (Mitte) in 10–15 Minuten knusprig braun backen. Herausnehmen und abkühlen lassen.

2 Inzwischen die Bohnen in ein Sieb abgießen, kalt abbrausen und abtropfen lassen. Oliven in dickere Ringe schneiden. Tomaten waschen, halbieren und in dünnere Spalten oder Stücke schneiden, dabei den Stielansatz entfernen und den Saft auffangen. Den Sellerie waschen, putzen, dabei das Grün beiseitelegen, die Stangen in dünne Scheiben schneiden. Zwiebel schälen und längs in dünne Spalten schneiden.

3 Essig und Ahornsirup verrühren, dann kräftig mit aufgefangenem Tomatensaft und übrigem Öl verschlagen, mit Oregano, Salz und Pfeffer würzen. Das Dressing mit dem abgekühlten Brot, Bohnen, Tomaten, Sellerie und den Oliven mischen und 5–10 Minuten ziehen lassen. Währenddessen Basilikum waschen, trocken schütteln, Blättchen abzupfen und grob zerschneiden. Vorsichtig unter den Salat heben und servieren.

EIN GUTER GRUND, TROCKENES BROT NICHT WEGZUWERFEN: Der Salat ist eine tolle Möglichkeit, schon etwas trockenes Brot vom Vortag zu verwenden und so die Lebensmittelverschwendung zu reduzieren. Auch für das Rezept von Seite 178 lässt sich altbackenes Brot verwenden. Außerdem eignet es sich prima für Knödel oder wird, fein gerieben, zu Paniermehl.

HERBST**SALAT**

MIT KÜRBIS

Für 4 Personen

Zutaten

FÜR DEN SALAT:

120g Le-Puy-Linsen (alternativ Belugalinsen)
Salz
150g vegetarischer Schafskäse (siehe Seite 136)
100g Feldsalat
1 kleiner Radicchio
2EL Kürbiskerne
1TL (körniger) Senf
Saft von ½ Orange
1TL Ahornsirup
2-3EL Weißweinessig
Pfeffer
2EL Olivenöl

FÜR DEN KÜRBIS:

1kg Hokkaido-Kürbis
1 Knoblauchzehe
3 Zweige Thymian
1 ½EL Olivenöl
2Msp. Chilipulver
Chiliflocken zum Bestreuen (nach Belieben)
Salz - Pfeffer

So geht's

1 In einem Topf 500ml Wasser aufkochen, die Linsen hineingeben und zugedeckt bei mittlerer Hitze in ca. 25 Minuten garen, sodass sie gerade weich sind, aber noch leicht Biss haben und nicht zerfallen. Gegen Garzeitende salzen, anschließend in ein Sieb gießen, abtropfen und lauwarm abkühlen lassen.

2 Inzwischen den Backofen auf 220 °C Ober-/Unterhitze (200 °C Umluft) vorheizen. Den Kürbis waschen, putzen, längs vierteln, Kerne und Fasern mit einem Löffel herauskratzen. Die Kürbisviertel in mundgerechte Würfel schneiden. Den Knoblauch schälen und in eine ofenfeste Form pressen. Den Thymian waschen, trocken schütteln, die Blättchen abzupfen, hacken und mit Öl, Chilipulver und dem Knoblauch in der Form verrühren. Den Kürbis gründlich im Würzöl wenden, salzen und pfeffern. Im heißen Ofen (Mitte) in 15–20 Minuten garen, dabei einmal durchrühren.

3 Während Linsen und Kürbis garen, den Käse trocken tupfen und grob zerbröckeln. Feldsalat waschen, putzen und trocken schleudern. Radicchio putzen, in einzelne Blätter teilen, diese waschen, trocken schleudern und in dünne Streifen schneiden. Die Kürbiskerne in einer Pfanne ohne Fett rösten, bis sie leicht knistern und angenehm zu duften beginnen, vom Herd nehmen und abkühlen lassen. Für das Dressing Senf, Orangensaft, Ahornsirup, Essig mit Salz und Pfeffer verrühren, dann das Öl kräftig unterschlagen und mit den noch warmen Linsen mischen.

4 Die Linsen mit der Hälfte des noch warmen Kürbis mischen, Radicchio und Feldsalat vorsichtig unterheben. Nochmals mit Salz, Pfeffer und eventuell Essig abschmecken. Übrige Kürbisstücke auf dem Salat verteilen, mit Kürbiskernen und nach Belieben Chiliflocken bestreuen.

VEGAN TIPP: ***Einfach den Käse weglassen, zu den Kürbiskernen noch 50g gehackte Walnusskerne geben und die Linsenmenge auf 200g erhöhen.***

EIN GUTER GRUND, SALAT NUR SAISONAL ZU ESSEN: Salate gibt es fast das ganze Jahr über. Frisch gekauft und der Jahreszeit entsprechend stecken sie voller Vitamine und sekundärer Pflanzenstoffe. Außerhalb der Saison, vor allem in der kälteren Jahreszeit, werden sie in Treibhäusern gezogen. Dadurch geht der Gehalt an gesunden Nährstoffen rapide zurück, dafür steigt der Gehalt von schädlichem Nitrat durch Düngung bei mangelnder Sonneneinstrahlung. Durch die Beheizung der Treibhäuser sieht die Ökobilanz bei deutschem Salat dann sogar noch schlechter aus als die von spanischem, im Freiland gezogenem Salat, der hertransportiert wird!

Darum: *Salat unbedingt entsprechend dem Saisonkalender (siehe Seite 17) kaufen. Im Winter auf Spätsorten wie Feldsalat, Radicchio oder Chicoree umsteigen. Du kannst aber auch Rohkost aus Wintergemüse in die Salatschüssel packen!*

WARMER WINTER-GEMÜSESALAT

Für 4 Personen

Zutaten

500g bunte Möhren
400g Rote Bete
150g Pastinaken
1 große Fenchelknolle
1 rote Zwiebel
2 Knoblauchzehen
1 Zweig Rosmarin
4 Zweige Thymian
Saft von ½ Orange
3EL Olivenöl
1EL Honig (alternativ Ahornsirup)
Salz - Pfeffer
2-3Msp. Chiliflocken
½TL gemahlener Koriander (oder noch besser ½TL grob zerstoßene Korianderkörner)
50g Walnusskerne
200g Mozzarella
1 Bund Rucola
3-4EL Aceto balsamico

So geht's

1 Den Backofen auf 200 °C (Ober-/Unterhitze) vorheizen. Möhren schälen, putzen, je nach Dicke längs vierteln oder halbieren und in 4–5cm lange Stücke schneiden. Die Rote Bete schälen und putzen (dazu Gummihandschuhe tragen, sie färbt stark) und in ca. 1cm dicke Spalten schneiden. Pastinaken schälen, putzen und in ca. 5mm dicke Scheiben schneiden (ist das Ende sehr dick, evtl. die Scheiben einmal halbieren). Fenchel waschen, putzen, das Grün dabei beiseitelegen, dann die Knolle achteln und den Strunk so herausschneiden, dass die Achtel gerade noch zusammenhalten.

2 Zwiebel schälen und in ca. 1cm dicke Spalten schneiden. Knoblauch schälen und in dicke Scheiben schneiden. Rosmarin und Thymian waschen, trocken schütteln, die Nadeln bzw. Blättchen abzupfen und grob hacken. Mit Orangensaft, Öl und Honig oder Ahornsirup verrühren, mit Salz, Pfeffer, Chiliflocken und Koriander mischen. Rote Bete und, falls vorhanden, rote Möhren getrennt mit etwas Würzöl mischen und auf das Blech geben (sie färben ansonsten das andere Gemüse rot ein). Das übrige Gemüse mit den Zwiebeln und übrigem Würzöl mischen und daneben verteilen. Knoblauchscheiben gleichmäßig zwischen dem Gemüse verteilen. Das Gemüse im heißen Ofen (Mitte) 30–35 Minuten garen – es sollte noch Biss behalten.

3 Das Gemüse aus dem Ofen nehmen und 10 Minuten abkühlen lassen. Währenddessen die Walnüsse grob hacken. Mozzarella trocken tupfen und in Stücke schneiden oder zupfen. Rucola waschen, trocken schütteln, grobe Stiele wegschneiden, die Blätter in kürzere Stücke zupfen. Aceto balsamico mit übrigem Öl verrühren und in einer Schüssel mit dem Gemüse mischen, dabei den Rucola vorsichtig mit unterheben. Nochmals mit Salz und Pfeffer abschmecken, Mozzarella darauf verteilen, mit Walnüssen bestreuen und servieren.

ROTER GLASNUDELSALAT

MIT OMELETT

Für 4 Personen

Zutaten

250ml Rote-Bete-Saft
200g Glasnudeln
2EL Aceto balsamico bianco
2EL Sojasauce
3EL Pflanzenöl
4-5EL Zitronensaft
1TL Honig
4 Frühlingszwiebeln
4-5 Stangen Stauden-
sellerie
4 Möhren
½ Bund Koriander
50g Erdnusskerne
2 Eier (Größe M)
Salz

So geht's

1 Den Rote-Bete-Saft mit 100ml Wasser in einem Topf aufkochen. Die Glasnudeln zugeben und unter Rühren bei mittlerer Hitze ca. 5 Minuten kochen, bis die Flüssigkeit fast verdampft ist.

2 Den Essig, die Sojasauce, 2EL Pflanzenöl, 4EL Zitronensaft und Honig in einer Schüssel verrühren. Die gekochten Glasnudeln noch warm dazugeben und gut untermischen. Bis zur weiteren Verwendung durchziehen lassen.

3 Die Frühlingszwiebeln putzen, waschen und in feine Ringe schneiden. Den Staudensellerie putzen, waschen und in sehr dünne Scheiben schneiden. Die Möhren putzen, schälen, waschen und in schmale Stifte schneiden. Den Koriander waschen, trocken schütteln, die Blättchen von den Stielen zupfen und fein hacken. Alle vorbereiteten Zutaten unter den Glasnudelnudelsalat mischen.

4 Die Erdnusskerne in einer Pfanne ohne Fett unter Wenden leicht anrösten. Herausnehmen, etwas abkühlen lassen und grob hacken. Die Eier mit 1EL Wasser und etwas Salz verquirlen. 1EL Öl in einer beschichteten Pfanne erhitzen. Die Hälfte der Eiermasse hineingeben und die Pfanne so schwenken, dass sie sich sehr dünn verteilt. Ca. 2 Minuten stocken lassen, umdrehen und ca. 1 Minute stocken lassen. Omelett herausnehmen, aufrollen und in feine Streifen schneiden. Auf die gleich Weise aus der restlichen Eiermasse im Bratöl ein weiteres Omelett braten, aufrollen und klein schneiden.

5 Den Salat eventuell noch mit etwas Salz und Zitronensaft abschmecken. Mit Erdnüssen bestreuen und die Omelettstreifen darauf anrichten. Lauwarm oder kalt servieren.

FRUCHTIGER LINSENSALAT

MIT SCHAFSKÄSE

Für 4 Personen

Zutaten

200g Belugalinsen
1 Lorbeerblatt
2 Orangen
5 Frühlingszwiebeln
1 Bund Dill
1EL Honig
1EL Weißweinessig
Salz - Pfeffer
3EL Olivenöl
200g vegetarischer Schafskäse (siehe Seite 136)

So geht's

1 Die Linsen in einem Topf mit Wasser bedecken, das Lorbeerblatt zugeben und 25–30 Minuten bissfest garen.

2 Inzwischen die Orangen so schälen, dass auch die weiße Haut vollständig entfernt wird. Die Filets zwischen den Trennhäuten herausschneiden, dabei den austretenden Saft auffangen. Die Trennhäute am Ende ausdrücken, den Saft ebenfalls auffangen. Die Frühlingszwiebeln putzen, waschen und in schmale Ringe schneiden. Den Dill waschen, trocken schütteln, die Spitzen von den Stielen zupfen und fein schneiden.

3 Für das Dressing den aufgefangenen Orangensaft mit dem Honig in einem kleinen Topf aufkochen und auf ca. 2EL einkochen lassen. Die Flüssigkeit mit dem Essig, Salz und Pfeffer verquirlen und das Öl unterschlagen.

4 Die Linsen abgießen und noch warm mit dem Dressing mischen. Etwas abkühlen lassen, dann die Orangenfilets, die Frühlingszwiebelringe und den Dill unterheben. Ca. 20 Minuten ziehen lassen.

5 Den Käse in ca. 1cm große Würfel schneiden. Den Linsensalat nochmal durchrühren und abschmecken. Den Käse unterheben.

SAISON-VARIANTE

Im Sommer schmeckt der Salat statt mit Orangen auch mit in Spalten geschnittenen Aprikosen oder Nektarinen. Den Orangensaft für das Dressing dann durch einen Mix aus 3EL Apfelsaft und 2EL Zitronensaft ersetzen.

Lauchsuppe mit
Nuss-Croûtons

Möhrensuppe mit
Harissa-Nüssen

Selleriesuppe
mit gebratenen
Pilzen

SELLERIESUPPE
MIT GEBRATENEN PILZEN

Für 4 Personen

Zutaten

1 großer Knollensellerie (ca. 750g)
1 große Zwiebel
1 ½EL Butter
400ml Gemüsebrühe
100g Sahne
Salz – Pfeffer
200g Shiitake (alternativ braune Champignons)
1 Knoblauchzehe
2 Msp. Chiliflocken
2EL Pflanzenöl
1-2 Spritzer Zitronensaft
3EL gehackte Petersilie

So geht's

1 Den Sellerie schälen, putzen und in ca. 1cm große Würfel schneiden. Zwiebel schälen und würfeln. 1EL Butter in einem Suppentopf erhitzen, darin die Zwiebel andünsten, bis sie leicht bräunt. Sellerie zugeben und kurz mitanbraten, dann mit Brühe und Sahne aufgießen. Zugedeckt in 15–20 Minuten garen.

2 Währenddessen die Pilze sauber reiben, trockene Stielenden entfernen und die Hüte in ca. 5mm breite Streifen schneiden. Knoblauch schälen und halbieren. Gegen Garzeitende der Suppe das Öl in einer beschichteten Pfanne erhitzen, darin die Pilze und Knoblauch bei großer Hitze anbraten, bis sie bräunen. Mit Salz, Pfeffer und Chiliflocken würzen. Hitze reduzieren, übrige Butter zugeben, schmelzen lassen und unterrühren. Die Pilze bei kleiner bis mittlerer Hitze 4–5 Minuten braten, bis sie goldbraun sind.

3 Die Suppe mit dem Stabmixer fein schaumig pürieren, mit Salz, Pfeffer und Zitronensaft abschmecken, dann auf Teller verteilen, die Hälfte Petersilie unter die Pilze rühren, Knoblauch entfernen. Pilze auf der Suppe verteilen und mit übriger Petersilie bestreuen.

LAUCHSUPPE
MIT NUSS-CROÛTONS

Für 4 Personen

Zutaten

750g Lauch
200g mehligkochende Kartoffeln
1 Zwiebel
3 Zweige Thymian
3EL Butter
450ml Gemüsebrühe
300ml Milch
100g Sahne
Salz – Pfeffer
2 Scheiben Toastbrot
1 Knoblauchzehe
20g Haselnussblättchen
frisch geriebene Muskatnuss

So geht's

1 Den Lauch putzen, längs halbieren, gut waschen, die Hälften quer in ca. 5mm dicke Stücke schneiden. Kartoffeln schälen, waschen und in ca. 1cm große Würfel schneiden. Zwiebel schälen und klein würfeln. Thymian waschen, abtrocknen, 1 Zweig beiseite legen, vom Rest die Blättchen abzupfen und grob hacken.

2 In einem Suppentopf 2EL Butter schmelzen, darin die Zwiebeln bei mittlerer Hitze andünsten. Lauch zugeben und unter Rühren andünsten, bis er leicht zu bräunen beginnt. Mit Brühe ablöschen, Kartoffeln, Milch, Sahne und den Thymianzweig zugeben, salzen und pfeffern. Zugedeckt bei niedriger Hitze ca. 30 Minuten garen.

3 Inzwischen den Toast in ca. 1cm große Würfel schneiden. Knoblauch schälen und fein hacken. In einem beschichteten Pfännchen übrige Butter schmelzen. Knoblauch, Brot und Haselnussblättchen hineingeben und unter Rühren bei kleiner bis mittlerer Hitze knusprig braun braten. Gegen Ende gut die Hälfte gehackten Thymian unterrühren, leicht salzen.

4 Die Suppe mit dem Stabmixer fein pürieren. Mit Salz, Pfeffer und Muskatnuss abschmecken. Auf Teller verteilen und die Nuss-Croûtons darauf verteilen, mit restlichem Thymian bestreuen.

MÖHRENSUPPE

MIT HARISSA-NÜSSEN

Für 4 Personen

Zutaten

- 1 Zwiebel
- 2 Knoblauchzehen
- 600g Möhren
- 3EL Olivenöl
- 1l Gemüsebrühe
- 2TL Harissapaste (nordafrikanische Würzpaste)
- Salz - Pfeffer
- 40g Haselnussblättchen
- 25g Mandelblättchen
- 50g Soja-Joghurtalternative
- 3 Stängel Minze
- Saft von ½ Limette

So geht's

1 Zwiebel und Knoblauch schälen und würfeln. Die Möhren putzen, nach Bedarf schälen, längs halbieren und in Stücke schneiden. 2EL Öl in einem Topf erhitzen, Zwiebel und Knoblauch darin andünsten. Die Möhren zugeben und unter Rühren ca. weitere 5 Minuten andünsten. Die Brühe angießen, 1TL Harissa, etwas Salz und Pfeffer zugeben, aufkochen und zugedeckt ca. 15 Minuten köcheln lassen, bis die Möhren weich sind.

2 Inzwischen 1EL Öl in einer kleinen Pfanne erhitzen. Haselnuss- und Mandelblättchen darin unter Wenden goldbraun anrösten. Kurz vor Ende übriges Harissa einrühren. Harissa-Nüsse sofort aus der Pfanne nehmen. Soja-Joghurt cremig rühren und mit etwas Salz abschmecken. Minze waschen, trocken schütteln, die Blätter von den Stielen zupfen und, bis auf einige zum Garnieren, in schmale Streifen schneiden.

3 Suppe vom Herd nehmen und fein pürieren. Mit Limettensaft, Salz und Pfeffer abschmecken und in Tellern anrichten. Joghurt, Harissa-Nüsse und Minze darauf geben und servieren.

EIN GUTER GRUND, MÖHRENGRÜN NICHT WEGZUWERFEN:

Wenn du junge Bio-Möhren mit schönem Grün bekommst, das Grün unbedingt verarbeiten. Zum Wegwerfen ist es nämlich viel zu lecker! Es schmeckt z.B. klein gehackt auf der Suppe oder als Pesto zu Nudeln. Dazu ca. 50g Möhrengrün mit 25g Nüssen oder Kernen nach Wahl, 80ml Olivenöl, 40g vegetarischer Parmesan-Alternative (z.B. Montello) oder veganem Parmesan-Ersatz (siehe Seite 130), 1 Knoblauchzehe, etwas Salz und Pfeffer pürieren. In einem Schraubglas mit etwas Öl bedeckt, hält sich das Pesto mindestens 5 Tage im Kühlschrank – zero waste!

Gemüsebrühe-Vorrat

Bunte Bohnensuppe
mit Pesto

BUNTE **BOHNENSUPPE**

MIT PESTO

Für 4 Personen

Zutaten

FÜR DIE SUPPE:
2 Stangen Staudensellerie
1 große Fenchelknolle
3 Möhren
300g grüne (TK-)Bohnen
1 große Zwiebel
2 Knoblauchzehen
4EL Olivenöl
2EL Tomatenmark
1,2l Gemüsebrühe
Salz - Pfeffer
1TL getrockneter Oregano
100g Hörnchen- oder Muschelnudeln
1 Dose weiße Bohnen (ca. 240g Abtropfgewicht)

FÜR DAS PESTO:
2EL Pinienkerne
60g Basilikum
1 Knoblauchzehe
80ml Olivenöl
3EL frisch geriebene vegetarische Parmesan-Alternative (z.B. Montello)
Salz - Pfeffer

So geht's

1 Für die Suppe den Sellerie und Fenchel waschen und putzen, Möhren schälen und putzen, dann alles in ca. 1cm große Stücke oder Würfel schneiden. Die Bohnen waschen, Enden abknipsen und die Bohnen in ca. 2cm lange Stücke schneiden (TK-Bohnen aus dem Gefrierfach nehmen). Zwiebel und Knoblauch schälen und fein würfeln.

2 Das Öl in einem Topf erhitzen, darin Zwiebeln und Knoblauch bei niedriger bis mittlerer Hitze langsam goldgelb andünsten. Tomatenmark unterrühren und 1–2 Minuten bei großer Hitze unter Rühren anrösten. Mit der Brühe ablöschen. Das gesamte Gemüse (falls verwendet, auch die TK-Bohnen) in die Brühe geben, mit Salz, Pfeffer und Oregano würzen und zugedeckt bei niedriger Hitze 20–25 Minuten garen.

3 Währenddessen für das Pesto die Pinienkerne in einer Pfanne ohne Fett goldbraun rösten und abkühlen lassen. Basilikum waschen, gut trocken schütteln, Blättchen abzupfen und grob zerschneiden. Knoblauch schälen und grob hacken. Basilikum, Knoblauch und Pinienkerne mit dem Stabmixer oder, noch besser, Blitzhacker fein pürieren. Käse unterrühren und mit Salz und Pfeffer abschmecken.

4 Die Nudeln nach Packungsanweisung in Salzwasser garen, in ein Sieb abgießen und abtropfen lassen. Die weißen Bohnen ebenfalls in ein Sieb abgießen und abtropfen lassen. Die Bohnen in den Eintopf geben, unterrühren und den Eintopf nochmals gut 5 Minuten zugedeckt garen. Dann Nudeln zugeben und heiß werden lassen, mit Salz und Pfeffer abschmecken. Den Eintopf auf Teller verteilen und jeweils etwas Pesto darauf geben.

EIN GUTER GRUND, ÖFTER HÜLSENFRÜCHTE ZU ESSEN:

Egal ob Bohnen, Linsen, Erbsen oder Kichererbsen: Alle sind in Sachen Nährstoffe echte Kraftpakete. Sie punkten mit relativ hohem Eiweißanteil und sind tolle Alternativen zu Fleisch und Fisch. Während bei der Erzeugung von 1kg Rindfleisch etwa 36kg CO_2 anfallen, kommen Hülsenfrüchte pro Kilogramm nur auf 0,9kg CO_2. Bestenfalls kommen sie aus der Region oder zumindest aus Europa. Auch bezüglich Wasserverbrauch schneiden sie deutlich besser ab: Während für die Erzeugung von 1g Rindfleisch-Eiweiß durchschnittlich 112l Wasser verbraucht werden, sind es für 1g Eiweiß aus Hülsenfrüchten nur 19l. Und noch ein Pluspunkt: Sie tun dem Boden und dem ökologischen Gleichgewicht gut.

GEMÜSEBRÜHE-VORRAT

Für ca. 1,5 l Brühe

Zutaten

3 Zwiebeln
1 Knoblauchzehe
1 Stange Lauch
1 Fenchelknolle (ca. 350 g)
3 Stangen Staudensellerie (alternativ 150 g Knollensellerie)
2 dicke Möhren
1 Petersilienwurzel (ca. 200 g)
4 Tomaten
3 EL Olivenöl
4 Zweige Thymian
1 Lorbeerblatt
½ TL schwarze Pfefferkörner
Salz · Pfeffer

So geht's

1 Die Zwiebeln schälen und grob würfeln, den Knoblauch schälen und in Scheiben schneiden. Lauch putzen, halbieren, gut waschen und in halbe Ringe schneiden. Das übrige Gemüse waschen. Fenchel und Staudensellerie putzen (Knollensellerie schälen) und in grobe Stücke schneiden. Möhren und Petersilienwurzel schälen (bei Bio-Ware ist das Schälen nicht nötig) und grob würfeln. Die Tomaten waschen, achteln, dabei die Stielansätze wegschneiden und den Saft auffangen.

2 Das Öl in einem großen Suppentopf erhitzen. Darin die Zwiebeln anbraten, bis sie dunkel zu bräunen beginnen, dabei den Knoblauch zugeben, wenn die Zwiebeln noch goldgelb sind. Das Gemüse bis auf die Tomaten zugeben und unter Rühren bei großer Hitze andünsten, aber nicht bräunen.

3 Die Tomaten samt Saft zugeben und alles mit 2,5 l Wasser aufgießen. Thymian waschen und mit Lorbeerblatt und Pfefferkörnern in den Topf geben. Langsam zum Kochen bringen, dann die Hitze reduzieren.

4 Das Gemüse so zugedeckt bei niedriger Hitze 1 Stunde leicht köcheln lassen. Vom Herd nehmen und nochmals 15 Minuten durchziehen lassen. Dann die Brühe durch ein feines Sieb in einen zweiten Topf gießen. Wer die Brühe klar möchte, lässt sie so, wer mehr Aroma möchte, drückt das Gemüse noch etwas aus, was die Brühe allerdings trüber macht. Für mehr Aroma kann man die Brühe jetzt nochmals bei großer Hitze etwas einkochen lassen. Anschließend mit Salz und Pfeffer würzen.

EIN GUTER GRUND, SELBST GEMÜSEBRÜHE ZU KOCHEN:

Gutes Brühepulver oder Brühe aus dem Glas im Vorrat sind fixe Küchenhelfer, die immer zur Hand sind. Trotzdem geht nichts über eine selbst gekochte Brühe. Denn in ihr sind noch viele gesunde Inhaltsstoffe der Gemüse enthalten, die man in Fertigbrühe vergeblich sucht. Bei den Zutaten kann man nach Belieben variieren, die ein oder andere Zutat ergänzen oder austauschen. Ein paar getrocknete Pilze machen sie z.B. noch intensiver und voller im Geschmack. Es lassen sich auch prima Gemüsereste oder -abschnitte verwenden. Bei Bio-Gemüse gerne die Schalen mit verwerten, das verhindert nicht nur Abfall: Direkt unter der Schale stecken die meisten gesunden Inhaltsstoffe! Eingefroren, in kleinen Portionen, ist die selbstgekochte Köstlichkeit immer schnell greifbar, als Suppengrundlage oder Würze für andere Gerichte.

KOKOS-CURRY-RAMEN

MIT EI

Für 4 Personen

Zutaten

500g braune Champignons
100g Shiitake
½ Bund Frühlingszwiebeln
2 Pak Choi
(alternativ Mangold
oder Spinat)
ca. 5g frischer Ingwer
4 Eier (Größe M)
1EL Pflanzenöl
1TL Currypulver
1l Gemüsebrühe
270ml Kokosmilch
(aus der Dose)
Salz
270g Ramen-Nudeln
2-3EL Limettensaft
Sriracha-Sauce zum
Servieren (nach
Belieben)

So geht's

1 Die Champignons und die Shiitake putzen und klein schneiden. Die Frühlingszwiebeln putzen, waschen und schräg in schmale Stücke schneiden. Den Pak Choi waschen, trocken schütteln und die Blätter von den Stielen trennen. Die Stiele quer in schmale Stücke schneiden, die Blätter in Streifen schneiden. Den Ingwer schälen und fein würfeln.

2 Die Eier in kochendes Wasser geben und nach Belieben in ca. 5 Minuten wachsweich oder in ca. 9 Minuten hart kochen.

3 Inzwischen das Öl in einem Topf erhitzen. Die Pilze darin unter Wenden ca. 5 Minuten kräftig anbraten. Den weißen Teil der Frühlingszwiebeln, die Pak-Choi-Stiele und den Ingwer zugeben und alles weitere 2–3 Minuten unter Wenden braten. Alles mit Curry bestäuben.

4 Die Brühe und die Kokosmilch zugießen, mit etwas Salz würzen und alles aufkochen. Die Nudeln zugeben und nach Packungsanweisung in der Flüssigkeit garen.

5 Die Eier abgießen und pellen. Die Suppe mit Limettensaft und evtl. noch Salz abschmecken. Die Suppe mit halbierten Eiern und Frühlingszwiebelgrün anrichten und nach Belieben Chilisauce dazu reichen.

EIN GUTER GRUND, BEI KOKOSMILCH WÄHLERISCH ZU SEIN:

Kokosmilch kommt aus fernen Ländern, hat also lange Transportwege. Darüber hinaus werden Kokosnüsse oft auf nicht besonders klima- und umweltfreundliche Weise angebaut.

Darum: ***Besser nur ab und zu verwenden und beim Kauf zu Produkten mit Bio- und Fairtrade-Siegel greifen. Die verkürzen zwar nicht den Transportweg, garantieren aber umweltverträglichere Anbau- und Verarbeitungsmethoden in den Herkunftsländern sowie bessere Bedingungen für die Bauern.***

VEGANE VARIANTE

Statt der Eier den gebratenen, gewürfelten Tofu von Seite 148 auf die fertige Suppe oder gewürfelten Seidentofu am Ende in die Suppe geben.

VEGGIE-
BORSCHTSCH
MIT BUCHWEIZEN

Für 4 Personen

Zutaten

400g Rote Bete
150g Knollensellerie
2 Möhren
200g Weißkohl
2 große Zwiebeln
2 Knoblauchzehen
3EL Pflanzenöl
2EL Mehl
1l Gemüsebrühe
2 Zweige Thymian
1TL getrockneter Majoran
1 Lorbeerblatt
2-3EL Rotweinessig
Salz - Pfeffer
150g Buchweizen
1 Bund Schnittlauch
150g Saure Sahne

So geht's

1 Rote Bete, Sellerie und Möhren waschen, putzen und schälen (für die Bete Gummihandschuhe tragen, da sie stark färbt). Das Gemüse auf der Gemüsereibe getrennt in feine Streifen (Julienne) schneiden. Den Kohl längs halbieren oder vierteln und den Strunk keilförmig wegschneiden. Die Kohlstücke waschen, dann quer in dünne Streifen schneiden. Zwiebeln und Knoblauch schälen und fein würfeln.

2 Öl in einem Suppentopf erhitzen, darin Zwiebel und Knobauch goldgelb andünsten. Sellerie und Möhren zugeben und unter Rühren 2 Minuten anbraten. Kohl zugeben, weitere 2 Minuten andünsten. Rote Bete zugeben, Mehl darüber stäuben und ebenfalls 2 Minuten unter Rühren andünsten. Mit Brühe ablöschen. Thymian waschen, trocken schütteln, mit Majoran, Lorbeer und Essig zugeben, mit Salz und Pfeffer würzen. Alles zugedeckt bei kleiner bis mittlerer Hitze 25–30 Minuten garen.

3 Währenddessen 280ml Wasser aufkochen und leicht salzen. Buchweizen hineingeben, aufkochen lassen, dann zugedeckt bei niedriger Hitze 20–25 Minuten garen. Anschließend auf der ausgeschalteten Herdplatte nachziehen lassen. Schnittlauch waschen, trocken schütteln und in feine Röllchen schneiden. Gut die Hälfte mit der Sauren Sahne verrühren, leicht salzen und pfeffern.

4 Den Eintopf auf tiefe Teller oder Schalen verteilen. Buchweizen darauf geben und jeweils einen Klecks Schnittlauchsahne darauf geben. Mit übrigem Schnittlauch bestreuen und servieren.

EIN GUTER GRUND, BUCHWEIZEN ZU ESSEN:

Wie bei den beiden Exoten Amarant und Quinoa handelt es sich bei Buchweizen um kein wirkliches Getreide, sondern um ein sogenanntes „Pseudogetreide"; im Falle von Buchweizen um die Samen eines Knöterichgewächses. Pseudogetreide haben den Vorteil, dass sie kein Gluten enthalten, also auch für Menschen mit Unverträglichkeiten ein guter Getreidersatz sind. Aber auch Vegetarier profitieren von ihren Inhaltsstoffen: reichlich Eiweiß und ein Mineralstoffmix mit Magnesium, Kalium und Eisen.

CHILI-SIN-CARNE-EINTOPF

MIT KÄSE-TORTILLA

Für 4 Personen

Zutaten

1 Zwiebel
1 Knoblauchzehe
1 Dose Kidneybohnen (250g Abtropfgewicht)
1 kleine Dose Mais (140g Abtropfgewicht)
2EL Pflanzenöl
1EL Tomatenmark
1TL edelsüßes Paprikapulver
½-2TL Chilipulver (je nach gewünschter Schärfe)
1TL gemahlener Kreuzkümmel
gemahlener Zimt
Zucker
1 Dose Tomaten (800g Füllgewicht)
Salz - Pfeffer
80g Gouda
2 Frühlingszwiebeln
2 (Vollkorn-)Tortilla-Wraps (25cm ø; Fertigprodukt)
75g Schmand
2EL gehackte Petersilie

So geht's

1 Die Zwiebel und den Knoblauch schälen und fein würfeln. Bohnen und Mais abgießen, kalt abspülen und gut abtropfen lassen.

2 Das Öl in einem Topf erhitzen, Zwiebel und Knoblauch darin andünsten. Tomatenmark, Paprika, Chilipulver, Kreuzkümmel und je 1 Prise Zimt und Zucker zugeben, unter Wenden kurz andünsten. Mit Tomaten und 200ml Wasser ablöschen. Bohnen und Mais zugeben, alles aufkochen, mit Salz und Pfeffer würzen und ca. 15 Minuten bei mittlerer Hitze köcheln lassen. Dabei ab und zu umrühren.

3 Inzwischen für die Käse-Tortilla Gouda grob raspeln. Frühlingszwiebeln putzen, waschen und in schmale Ringe schneiden. Beides mischen. Tortilla-Wraps mit Schmand bestreichen, Gouda-Frühlingszwiebel-Mix darauf verteilen. Wraps aufrollen, in eine beschichtete Pfanne ohne Fett legen und bei nicht zu starker Hitze 5–6 Minuten backen. Dabei einmal wenden. Vom Herd nehmen, Deckel auflegen, sodass sie warm bleiben.

4 Suppe mit einem Stabmixer kurz pürieren, sodass sie noch leicht stückig ist. Mit Salz und Pfeffer abschmecken. Suppe mit übrigem Schmand und Petersilie anrichten. Tortilla-Rollen in Stücke schneiden und zur Suppe servieren.

WÜRZ-TIPP: ***Wenn kleinere Kinder mitessen, das Chilipulver weglassen und für Erwachsene Chilisauce zum Abschmecken zur Suppe reichen.***

STECKRÜBEN-KICHERERBSEN-**CURRY**

MIT JOGHURT

Für 4 Personen

Zutaten

700g Steckrüben
1 Stange Staudensellerie
1 dicke Möhre
1 Zwiebel
1 Knoblauchzehe
20g frischer Ingwer
1 Dose Kichererbsen (240g Abtropfgewicht)
3EL Butterschmalz (alternativ Pflanzenöl)
2TL indische Currypaste (alternativ ½-1TL Currypulver)
1 Dose stückige Tomaten (400g Füllgewicht)
Salz
½TL Zucker
½TL Garam Masala
½ Bund Koriandergrün
200g griechischer Joghurt (10% Fett)

So geht's

1 Die Steckrüben schälen und in ca. 2cm große Würfel schneiden. Staudensellerie waschen, putzen, dabei das Grün beiseitelegen. Die Stange längs halbieren und in kleine Stücke schneiden. Möhre schälen und klein würfeln (auf Größe der Selleriestücke). Zwiebel, Knoblauch und Ingwer schälen. Zwiebel fein würfeln, Ingwer und Knoblauch getrennt fein hacken. Die Kichererbsen in ein Sieb abgießen und abtropfen lassen, dabei das Einlegeflüssigkeit auffangen.

2 Das Butterschmalz oder Öl in einem Topf erhitzen, darin Zwiebel, Sellerie, Möhre und Knoblauch bei mittlerer Hitze 3–4 Minuten unter gelegentlichem Rühren andünsten. Steckrüben, Ingwer und Currypaste (oder Pulver) unterrühren und alles unter Rühren 2 Minuten weiter braten. Mit Tomaten und 100ml Kichererbsenflüssigkeit ablöschen. Mit Salz und Zucker würzen und zugedeckt bei mittlerer Hitze 20–25 Minuten köcheln lassen, dabei gelegentlich durchrühren, evtl. etwas Kichererbsenflüssigkeit oder Leitungswasser nachgießen – das Curry sollte aber am Ende dickflüssig eingekocht sein.

3 Kichererbsen und Garam Masala unter das Curry rühren und weitere 10–15 Minuten zugedeckt garen. Koriandergrün waschen, trocken schütteln, Blättchen abzupfen und mit dem beiseitegelegten Selleriegrün klein hacken. Das Curry mit Salz und Zucker und Garam Masala abschmecken. Einen Teil Sellerie- und Koriandergrün unterrühren. Auf Teller verteilen und vor dem Servieren je einen guten Klecks Joghurt daraufgeben und mit übrigem Sellerie- und Koriandergrün bestreuen.

EIN GUTER GRUND, WIEDER ZU ALTEN SORTEN ZU GREIFEN:

Lange Zeit galten sie als altmodisch und geschmacklich nicht fein genug: Steckrüben, Kürbis, Pastinaken, Rüben und Co. Doch seit geraumer Zeit erleben „alte“ Gemüsesorten mit eigenem, kräftigem Aroma eine Renaissance und man findet sie wieder auf Bauernmärkten, in Bio-Geschäften und Supermärkten. Speziell die alten lagerfähigen Sorten wie Kürbis, Steckrübe, Rote Bete und andere Wurzelgemüse bereichern das Angebot im Winter und kommen direkt und ohne lange Transportwege von deutschen Äckern. Ihr verstärkter Anbau und die Rückkehr zu vergessenen Sorten garantieren Artenreichtum und biologische Vielfalt.

DAL

MIT ZIMT-TOMATEN

Für 4 Personen

Zutaten

FÜR DAS DAL:
1 Zwiebel
1 kleine Knoblauchzehe
2-3EL Pflanzenöl
½ Zimtstange
20g frischer Ingwer
2TL indische Currypaste (alternativ ½-1TL Currypulver)
200g rote Linsen
350ml Gemüsebrühe
1 Dose Kokosmilch (400ml Füllgewicht)
1 Bund Koriandergrün
Salz - Pfeffer

FÜR DIE TOMATEN:
500g Kirschtomaten
2EL Pflanzenöl
¾TL gemahlener Zimt
1EL Honig (alternativ Agavendicksaft)
Salz - Pfeffer

So geht's

1 Zwiebel, Knoblauch und Ingwer schälen und getrennt fein würfeln. In einem Topf 2–3EL Öl erhitzen, darin Zwiebel und Knoblauch langsam goldgelb andünsten, sie dürfen fast schon leicht bräunen. Zimtstange, Ingwer und Currypaste oder Pulver unterrühren und kurz miträsten, dann die Linsen zugeben, einmal gut durchrühren und alles mit Brühe ablöschen. Zugedeckt bei niedriger bis mittlerer Hitze 10–15 Minuten garen, dann die Kokosmilch dazugeben und weitere 5–10 Minuten garen, bis die Linsen weich und leicht breiig sind. Inzwischen das Koriandergrün waschen, trocken schütteln, die Blättchen abzupfen und grob zerschneiden.

2 Die Kirschtomaten waschen. In einer Pfanne das Öl erhitzen, Tomaten bei mittlerer bis großer Hitze darin anbraten, bis sie aufzuplatzen beginnen und leicht bräunen. Hitze reduzieren, Zimt und Honig oder Agavendicksaft unterrühren, mit Salz und Pfeffer würzen. Die Tomaten mit einer Gabel leicht anquetschen und alles bei niedriger Hitze offen weitere 10 Minuten garen.

3 Das Dal mit Salz und Pfeffer abschmecken und gut die Hälfte des Koriandergrüns unterrühren. Das Dal in Schälchen oder tiefe Teller geben. Die Tomaten samt Garsud darauf verteilen und alles mit übrigem Koriandergrün bestreuen.

EIN GUTER GRUND, HONIG ALS DELIKATESSE ZU SEHEN: Honig ist eine gesunde Alternative zu Zucker, da er entzündungshemmende Enzyme besitzt. Veganer lehnen ihn als tierisches Produkt genauso ab wie Milch, Eier und Fleisch. Aber schadet die Entnahme von Honig aus den Waben den Bienen? Prinzipiell: Ja, denn er ist Nahrung, die die Bienen selbst dringend benötigen. Um dem in den letzten Jahren in den Fokus gerückten Bienensterben, das hauptsächlich auf den Einsatz von Pestiziden und Dünger zurückgeht, entgegenzuwirken, sollte man daher Honig sehr bewusst und maßvoll konsumieren. Andererseits bedeutet verantwortungsbewusste Imkerei, die den Bienen auch einen guten Teil Honig lässt, aktiven Artenschutz zu betreiben. Da die Ausbeute hierbei gering ist, sind die Preise für den Honig dann entsprechend höher.

Darum: *Honig am besten als etwas Besonderes und Kostbares sehen, ihn in kleinen Mengen konsumieren und den adäquaten Preis dafür bezahlen. Wer sich über nachhaltige Imkerei schlau machen möchte, schaut einfach unter www.bienenretter.de nach.*

AUS PFANNE UND TOPF

KOHLRABI SCHNITZEL

MIT WALDORFSALAT

Für 4 Personen

Zutaten

FÜR DEN SALAT:
100g Joghurt
50g Mayonnaise
50ml Orangensaft
Salz - Pfeffer
Zucker
400g Knollensellerie
1 säuerlicher Apfel
2EL Walnusskerne

FÜR DIE SCHNITZEL:
3 Kohlrabi (ca. 900g)
Salz
1 Ei (Größe M)
Pfeffer
ca. 100g Vollkorn-Paniermehl
1-2TL Pul Biber (türkische Chiliflocken)
ca. 3EL Pflanzenöl zum Braten

So geht's

1 Für den Salat den Joghurt mit Mayonnaise und Orangensaft glatt rühren. Mit Salz, Pfeffer und 1 Prise Zucker abschmecken. Den Sellerie schälen, den Apfel waschen, vierteln, entkernen. Beides grob raspeln. Die Walnusskerne in einer Pfanne ohne Fett anrösten, bis sie duften. Sofort herausnehmen und grob hacken. Alle vorbereiteten Zutaten unter das Dressing mischen und durchziehen lassen, bis die Kohlrabi-Schnitzel fertig sind.

2 Für die Kohlrabischnitzel die Kohlrabi schälen und in ca. 0,5cm breite Scheiben schneiden. In wenig Salzwasser zugedeckt ca. 3 Minuten vorkochen. Herausnehmen, gut abtropfen lassen.

3 Das Ei in einem tiefen Teller verquirlen und mit Salz und Pfeffer würzen. Das Paniermehl mit Pul Biber in einem zweiten Teller mischen. Die Kohlrabischeiben erst in Ei, dann in der Bröselmischung wenden, leicht andrücken. Das Öl in einer großen beschichteten Pfanne erhitzen. Die Kohlrabischnitzel darin portionsweise pro Seite 3–4 Minuten goldbraun braten. Auf Küchenpapier abtropfen lassen und mit dem Salat servieren.

PILZ-KÜRBIS-GESCHNETZELTES

MIT POLENTASTICKS

Für 4 Personen

Zutaten

FÜR DIE POLENTASTICKS:

1 Knoblauchzehe
1 Zweig Rosmarin
Pflanzenöl für die Form + zum Braten
400ml Gemüsebrühe
Salz - Pfeffer
150g Minuten-Polenta (Instant-Polenta; Maisgrieß)

FÜR DAS GESCHNETZELTE:

600g Kürbis (z.B. Hokkaido- oder Butternuss)
500g Austernpilze
2 kleine Zwiebeln
3 Zweige Thymian
4EL Pflanzenöl
1TL Mehl
125ml trockener Weißwein (alternativ Gemüsebrühe)
200g Sahne
Salz - Pfeffer
2-3 Spritzer Zitronensaft
3Msp. edelsüßes Paprikapulver
3EL gehackte Petersilie

So geht's

1 Für die Polentasticks Knoblauch schälen und halbieren. Rosmarin waschen, trocken schütteln, Nadeln abzupfen und fein hacken. Eine rechteckige Form (ca. 12 x 20cm) dünn mit Öl einpinseln. Die Brühe aufkochen, Knoblauch und Rosmarin zugeben und 10 Minuten bei mittlerer Hitze zugedeckt kochen lassen. Knoblauch entfernen, die Brühe salzen und pfeffern. Polenta unter ständigem Rühren nach und nach zugeben. 2–3 Minuten weiterrühren, bis die Masse dick und zäh ist. Polenta in die Form füllen, glatt und fest hineindrücken. Zugedeckt 3 Stunden kalt stellen.

2 Den Kürbis putzen, schälen, Kerne und Fasern entfernen, das Fruchtfleisch klein würfeln. Die Pilze putzen, abbrausen, trocken tupfen und mit den Fingern in gut 1cm breite Streifen zupfen oder schneiden. Zwiebeln schälen und fein würfeln. Thymian waschen, trocken schütteln, Blättchen abzupfen und fein hacken. In einer großen beschichteten Pfanne 2EL Öl erhitzen. Pilze mit Mehl bestäuben, überschüssiges Mehl abschütteln und die Pilze im heißen Öl bei großer Hitze rundum anbraten, bis sie bräunen. Die Pfanne vom Herd nehmen und die Pilze herausnehmen.

3 Übriges Öl in die Pfanne geben. Darin die Zwiebeln bei niedriger Hitze goldgelb andünsten. Kürbis und Thymian zugeben und unter Rühren 2 Minuten bei großer Hitze anbraten. Mit Wein ablöschen und bei mittlerer Hitze 2 Minuten einkochen lassen, dann Sahne zugießen, salzen und pfeffern. Zugedeckt bei mittlerer Hitze 15–18 Minuten garen, bis der Kürbis weich ist, dabei die letzten 5 Minuten offen garen, damit die Sauce sämig einkocht.

4 Währenddessen die Polenta aus der Form stürzen, längs halbieren und in 3cm breite Streifen schneiden. So viel Öl in einer beschichteten Pfanne erhitzen, dass der Boden gut bedeckt ist. Die Polentasticks darin beidseitig jeweils in 3–4 Minuten knusprig braun braten.

5 Gleichzeitig die Pilze samt ausgetretenem Bratsaft unter den Kürbis rühren und 3–4 Minuten bei niedriger Hitze darin ziehen lassen. Die Sauce mit Zitronensaft, Paprikapulver, Salz und Pfeffer abschmecken und alles mit gehackter Petersilie bestreuen. Dazu passen am besten Spätzle, Bandnudeln oder Reis.

EIN GUTER GRUND, ÖFTER PILZE ZU ESSEN: Im Gegensatz zu anderem Gemüse sind Pilze eine gute pflanzliche Eiweißquelle. Der eiweißreichste Pilz, der Steinpilz, bringt es pro 200 g auf ca. 5,5 g Eiweiß. Der Proteingehalt ist zwar geringer als bei Fleisch (100 g Putenbrust liefern knapp fünfmal soviel Eiweißanteil), in der richtigen Kombi mit Milchprodukten, Hülsenfrüchten oder Nüssen schaffen sie es dann aber leicht, ein kleines Schnitzel oder Fleisch im Geschnetzelten zu ersetzen.

ENDIVIEN-STAMPPOT

MIT SENF-SPIEGELEI

Für 4 Personen

Zutaten

- 750g mehlig kochende Kartoffeln (geschält gewogen)
- Salz
- 500g Endivien
- 200ml Milch
- 20g Butter
- frisch geriebene Muskatnuss
- 1EL Pflanzenöl
- 4TL grober Dijon-Senf
- 4 Eier (Größe M)
- Pfeffer
- 2EL gehackter Dill

So geht's

1 Die Kartoffeln schälen, waschen, in 2–3cm große Würfel schneiden und in einem Topf mit wenig Salzwasser zugedeckt ca. 15 Minuten garen. Inzwischen die Endivien klein zupfen, waschen, trocken schleudern und in schmale Streifen schneiden.

2 Die Kartoffeln abgießen, abtropfen und kurz ausdampfen lassen. Milch mit Butter im Topf erhitzen, mit Salz und Muskat würzen. Die Kartoffeln zugeben und mit einem Kartoffelstampfer zerstampfen. Erneut mit Salz und Muskat abschmecken.

3 Stamppot in eine vorgewärmte große Schüssel umfüllen, Endivien nach und nach zugeben und mit einem Löffel unterheben. 2–3 Minuten ziehen lassen, damit die Endivie etwas weich wird.

4 Inzwischen für die Spiegeleier das Öl in einer beschichteten Pfanne erhitzen. Den Senf in Form von 4 Klecksen mit etwas Abstand in die Pfanne setzen und etwas glatt streichen. Je 1 Ei auf jeden Klecks schlagen. Mit Salz würzen und die Eier bei nicht zu starker Hitze zu Spiegeleiern braten. Mit Pfeffer würzen. Stamppot mit Dill bestreuen und mit den Senf-Spiegeleiern servieren.

EIN GUTER GRUND, IMMER WIEDER ZU VARIIEREN:

Je nach Jahreszeit die Endivien durch anderes Gemüse wie z.B. jungen Spinat, zarten Grünkohl, Chinakohl oder Pak Choi ersetzen. So kommt nicht nur Abwechslung auf den Teller, sondern immer das Gemüse, das gerade regional Saison hat. Das tut dem Klima gut und der Gesundheit: Feldfrisch zum optimalen Zeitpunkt geerntet und mit kurzen Transportwegen hat Gemüse am meisten Nährstoffe. Denn je länger der Transport, desto mehr Nährstoffe, vor allem Vitamine, gehen verloren.

PILZ-SCHMORTOPF

À LA BOURGUIGNON

MIT POLENTA

Für 4 Personen

Zutaten

FÜR DEN PILZ-SCHMORTOPF:

4 Zwiebeln
300g Möhren
2EL Olivenöl
15g getrocknete Steinpilze
2 Knoblauchzehen
½ Bund Thymian
750g gemischte Pilze
2EL Mehl
1EL Tomatenmark
200ml trockener Rotwein
3EL Sojasauce
½TL geräuchertes Paprikapulver
1 Lorbeerblatt
Salz - Pfeffer
2EL gehackte Petersilie

FÜR DIE POLENTA:

600ml Milch
Salz
frisch geriebene Muskatnuss
140g Polenta (Maisgrieß)
15g Butter

So geht's

1 Die Zwiebeln schälen, halbieren und in schmale Scheiben schneiden oder hobeln. Die Möhren putzen, schälen, längs halbieren und in ca. 0,5cm dicke Scheiben schneiden. Das Öl in einem Schmortopf erhitzen, Zwiebeln und Möhren darin ca. 20 Minuten bei niedriger Hitze schmoren. Dabei öfter umrühren, vor allem am Ende, wenn die Zwiebeln beginnen zu bräunen.

2 Inzwischen die getrockneten Pilze in 200ml heißem Wasser einweichen. Den Knoblauch schälen und fein würfeln. Den Thymian waschen, trocken schütteln, Blättchen von den Stielen zupfen und hacken. Die Pilze putzen und halbieren. Zusammen mit Knoblauch und Thymian zur Zwiebelmischung geben und ca. 5 Minuten unter Wenden kräftig anbraten. Mit Mehl bestäuben und ca. 1 Minute anschwitzen. Das Tomatenmark einrühren.

3 Eingeweichte Pilze abgießen, Flüssigkeit dabei auffangen. Pilze klein schneiden. Pilze, aufgefangene Flüssigkeit, Wein, Sojasauce, 200ml Wasser, Paprikapulver und das Lorbeerblatt zugeben. Aufkochen und bei niedriger Hitze ohne Deckel 20–30 Minuten schmoren. Dabei öfter umrühren.

4 Inzwischen für die Polenta die Milch mit 600ml Wasser in einen Topf geben, mit etwas Salz und Muskat würzen, aufkochen. Die Polenta unter Rühren einstreuen, alles aufkochen und bei sehr niedriger Hitze ca. 15 Minuten quellen lassen. Dabei regelmäßig umrühren. Polenta vom Herd nehmen, Butter einrühren und zugedeckt ca. 5 Minuten ziehen lassen. Mit Salz abschmecken. Den Pilz-Schmortopf mit Salz und Pfeffer abschmecken, mit Petersilie bestreuen und mit der Polenta servieren.

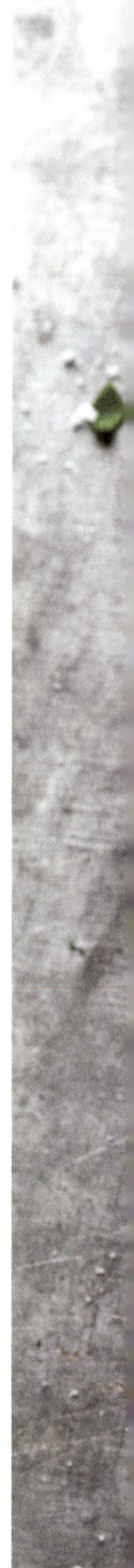

Italienische Lauch-Fritter mit Tomatensalsa

Grüne Erbsen-Pancakes mit Kräuterquark

Kichererbsen-Puffer mit Zaziki

ITALIENISCHE LAUCH-FRITTER
MIT TOMATENSALSA

Für 4 Personen

Zutaten

2 Stangen Lauch
Salz
1 kleine Zwiebel
40g getrocknete Tomaten (in Öl)
125g Mehl (Type 405 oder 550)
4 Eier (Größe M)
2EL grünes Pesto (aus dem Glas)
Pfeffer
Pflanzenöl zum Braten
2 große Tomaten
2 Frühlingszwiebeln
½ Zitrone
½ TL Zucker
1EL Olivenöl

So geht's

1 Den Lauch putzen, gut waschen, in schmale Ringe schneiden und in einen Topf geben. Knapp mit Wasser bedecken, leicht salzen und zugedeckt ca. 5 Minuten dünsten. Dann abgießen, gut abtropfen und etwas abkühlen lassen.

2 Die Zwiebel schälen und fein würfeln. Die Tomaten gut abtropfen lassen und klein schneiden. Das Mehl mit Eiern, Pesto, 100ml Wasser und etwas Salz und Pfeffer in eine Rührschüssel geben und zu einem glatten Teig verrühren. Lauch, Zwiebel und Tomaten zugeben und unterheben.

3 Etwas Öl in einer beschichteten Pfanne erhitzen. Pro Puffer 1 gehäuften EL Teig in die Pfanne geben, etwas flach drücken und je Seite 3–4 Minuten braten. Auf Küchenpapier abtropfen lassen. Auf diese Weise weitere Puffer backen und anschließend warmhalten.

4 Während die Puffer backen, für die Salsa die Tomaten waschen, vierteln, den Stielansatz entfernen und entkernen. Das Fruchtfleisch in kleine Würfel schneiden. Die Frühlingszwiebeln putzen, waschen und in feine Ringe schneiden. Mit den Tomaten mischen. Die Zitrone auspressen. 2–3EL Saft mit Zucker und dem Olivenöl verrühren, unter die Tomatensalsa mischen. Mit Salz und Pfeffer abschmecken. Die Lauch-Fritter mit der Tomatensalsa servieren.

KICHERERBSEN-PUFFER
MIT ZAZIKI

Für 4 Personen

Zutaten

2 Dosen Kichererbsen (à 240g Abtropfgewicht)
150g vegetarischer Schafskäse (siehe Seite 136)
100g Mehl (Type 405 oder 550)
2TL Backpulver
4 Eier (Größe M)
Salz - Pfeffer
Pflanzenöl zum Braten
½ Salatgurke
1 Knoblauchzehe
200g griechischer Joghurt (5% Fett)
1EL Zitronensaft

So geht's

1 Die Kichererbsen abgießen und abtropfen lassen. Den Käse klein würfeln. Das Mehl mit dem Backpulver in einer Rührschüssel mischen. Die Eier zugeben und alles zu einem glatten Teig verrühren. Mit 1TL Salz und Pfeffer würzen. Kichererbsen und Käse untermischen und den Teig mit dem Stabmixer grob pürieren, sodass noch kleine Stücke zu sehen sind.

2 Etwas Öl in einer großen beschichteten Pfannen erhitzen. Pro Puffer 1 gehäuften EL Teig in die Pfanne geben, flach streichen und je Seite 3–4 Minuten goldbraun braten. Auf Küchenpapier abtropfen lassen. Auf diese Weise aus dem Teig ca. 12 Puffer backen.

3 Während die Puffer braten, für das Zaziki die Gurke putzen, schälen, halbieren, die Kerne mit einem Teelöffel herauskratzen und das Fruchtfleisch grob raspeln. Den Knoblauch schälen und fein würfeln. Den Joghurt mit Zitronensaft und Knoblauch glatt rühren. Die Gurkenraspel untermischen. Den Dip mit Salz und Pfeffer abschmecken und zu den Puffern servieren.

GRÜNE ERBSEN-PANCAKES

MIT KRÄUTERQUARK

Für 4 Personen

Zutaten

- 400g TK-Erbsen
- 1 Bund gemischte Kräuter (z.B. Schnittlauch, Petersilie, Kerbel, Dill)
- 250g Magerquark
- 1 Schuss kohlensäurehaltiges Mineralwasser
- 1TL Senf
- Salz - Pfeffer
- 120ml Buttermilch
- 2 Eier (Größe M)
- 100g Dinkelvollkornmehl
- 1TL Backpulver
- Pflanzenöl zum Braten

So geht's

1 Ca. 750ml Wasser im Wasserkocher aufkochen. Die TK-Erbsen in einer kleinen Schüssel damit übergießen und ca. 5 Minuten ziehen lassen.

2 Inzwischen für den Quark die Kräuter waschen, trocken schütteln, die Blätter von den Stielen zupfen und fein hacken bzw. schneiden. Den Quark mit Mineralwasser und Senf glatt rühren. Die Kräuter unterheben. Den Kräuterquark mit Salz und Pfeffer abschmecken.

3 Die Erbsen abgießen und abtropfen lassen. Mit Buttermilch, Eiern, Mehl, Backpulver, ca. 1TL Salz und etwas Pfeffer in einen Rührbecher geben und mit einem Stabmixer kräftig durchmixen, bis ein glatter Teig entstanden ist.

4 Etwas Öl in einer großen beschichteten Pfanne erhitzen. Pro Pancake etwa 1 gehäuften EL Teig in die Pfanne geben und etwas flach streichen. Je Seite 2–3 Minuten braten, dann auf Küchenpapier abtropfen lassen. Auf die gleiche Weise aus dem Teig nach und nach insgesamt 16–20 Pancakes backen. Mit Kräuterquark und, nach Belieben, einem Tomatensalat servieren.

EIN GUTER GRUND, PFLANZLICHE EIWEISSQUELLEN ZU KOMBINIEREN:

Pflanzeneiweiß ist für die Verwertung in unserem Körper nicht so ideal aufgebaut wie tierisches. Deshalb kommt es hier auf einen cleveren Mix an. Geschickt kombiniert liefern pflanzliche Lebensmittel aber sogar hochwertigeres Eiweiß als das berühmte „kleine Steak“. Ideale Kombis sind Kartoffeln und Ei oder Milchprodukte, Getreide und Milchprodukte und Getreide mit Hülsenfrüchten und Nüssen. Bei den Pancakes ergänzt sich das Eiweiß von Erbsen, Vollkornmehl und Milchprodukten optimal und ist für den Körper besonders gut verwertbar.

CHINAKOHL-ROULADEN

MIT COUSCOUS

Für 4 Personen

Zutaten

8 große Blätter Chinakohl
1 Zwiebel
1 Knoblauchzehe
1 EL Olivenöl
1 TL getrockneter Oregano
380 g geröstete rote Paprika (aus dem Glas)
Salz · Pfeffer
Zucker
100 g Sahne (alternativ Sojacreme Cuisine)
200 g Couscous
50 g Rauchmandeln
½ Bund Petersilie

So geht's

1 Die Chinakohlblätter in kochendem Wasser 2–3 Minuten blanchieren, bis sie biegsam werden, dann mit einem Schaumlöffel aus dem Wasser heben und sofort mit eiskaltem Wasser abschrecken. Die Blätter gut abtropfen lassen und auf einem sauberen Geschirrtuch ausbreiten. Dicke Blattrippen flacher schneiden.

2 Für die Sauce die Zwiebel und den Knoblauch schälen und fein würfeln. Das Öl in einem Topf erhitzen, Zwiebel und Knoblauch darin kurz andünsten. Den Oregano zugeben. Die geröstete Paprika abtropfen lassen, grob schneiden und mit 300 ml Wasser zur Zwiebel-Mischung geben. Mit Salz, Pfeffer und 1 Prise Zucker würzen, aufkochen und ca. 10 Minuten köcheln lassen. Die Sauce vom Herd nehmen, Sahne oder Sojacreme zugießen, alles fein pürieren und eventuell nochmals mit Salz und Pfeffer abschmecken.

3 Inzwischen für die Füllung den Couscous in eine Schüssel geben, mit 275 ml kochendem Wasser übergießen und ca. 5 Minuten ziehen lassen. Die Rauchmandeln hacken. Die Petersilie waschen, trocken schütteln, die Blätter von den Stielen zupfen und fein hacken. Beides unter den Couscous heben. Die Masse mit Salz und Pfeffer abschmecken und abkühlen lassen.

4 Je 1 gehäuften EL Füllung mit angefeuchteten Händen zu einem „Ball" zusammendrücken und mittig auf die Chinakohlblätter geben. Die Seiten zur Mitte klappen, das untere Blattende über die Füllung schlagen und einrollen. Die Rouladen mit Küchengarn verschnüren und in die Sauce legen. Zugedeckt bei mittlerer Hitze ca. 20 Minuten garen. Mit der Sauce und dem übrigem Couscous anrichten.

EIN GUTER GRUND, ZUM GLAS ZU GREIFEN: Paprika lassen sich einfach rösten. Dazu sind aber hohe Temperaturen notwendig. Deshalb macht es in Sachen Energieverbrauch bei kleineren Mengen mehr Sinn, fertig geröstete Paprika im Glas zu kaufen als selbst den Ofen anzuheizen. Wenn du das Fertigprodukt lieber vermeiden möchtest, gleich größere Mengen Paprika rösten und so die Energie sinnvoll nutzen. Dazu Paprikaschoten halbieren, mit der gewölbten Seite nach oben auf ein Backblech legen und bei 220 °C (Ober-/Unterhitze) ca. 20 Minuten rösten, bis die Haut dunkel wird und Blasen wirft. Herausnehmen, mit einem feuchten Tuch bedecken und kurz abkühlen lassen. Dann die Haut abziehen. Die gehäuteten Paprika lassen sich prima in einem Schraubglas, mit Olivenöl bedeckt, mehrere Tage im Kühlschrank aufbewahren. Nach Belieben kannst du noch Knoblauch und Kräuter zum Aromatisieren dazugeben.

STAUB

ROASTED CARROTS

MIT SCHAFSKÄSE UND SESAMSAUCE

Für 4 Personen

Zutaten

800g junge Bio-Bundmöhren mit Grün
1TL edelsüßes Paprikapulver
½ TL gemahlener Kreuzkümmel
4 ½ EL Olivenöl
1EL Ahornsirup
Salz
400g vegetarischer Schafskäse (siehe Seite 136)
100g Joghurt
30g Tahin (Sesammus)
1-2EL Zitronensaft
3 Stängel Minze

So geht's

1 Den Backofen auf 200 °C Ober-/Unterhitze (180 °C Umluft) vorheizen. Die Möhren unter Wasser abschrubben und gut trocken tupfen. Das Grün bis auf einen ca. 2cm langen Ansatz entfernen. Die Möhren nach Belieben der Länge nach halbieren oder vierteln. Die Gewürze mit 4EL Olivenöl und Ahornsirup verrühren, mit Salz würzen. Die Möhren in der Marinade wenden und auf ein mit Backpapier belegtes Backblech verteilen. Dabei an einer Seite noch etwas Platz für den Käse lassen. Im heißen Ofen (Mitte) ca. 15 Minuten backen.

2 Inzwischen den Käse in 4 Stücke schneiden und trocken tupfen. Mit ½ EL Öl beträufeln und neben die Möhren auf das Bachkblech legen. Alles weitere ca. 20 Minuten backen.

3 Für die Sauce Joghurt mit Tahin, Zitronensaft und etwas Wasser verrühren. Mit Salz abschmecken. Die Minze waschen, trocken schütteln, die Blätter von den Stängeln zupfen und hacken. Möhren und Käse anrichten, mit etwas Sauce beträufeln und mit Minze bestreuen. Übrige Sauce extra dazu servieren.

EIN GUTER GRUND, DEN OFEN GLEICH DOPPELT ZU NUTZEN:
Den Backofen richtig aufzuheizen, kostet Energie. Sinnvoll, wenn die dann auch voll ausgenutzt wird, indem nicht nur das Gemüse, sondern auch noch der Käse im Ofen zubereitet wird. So muss nicht noch weitere Energie auf dem Herd verbraucht werden – der Ofen ist so oder so heiß.

Darum: *Mit cleverer Planung und den richtigen Rezepten lässt sich so auch bei anderen Gerichten einiges an Energie und auch Geld sparen. Noch Platz im Ofen? Dann kannst du z.B. in einer kleinen Auflaufform gleich noch die Nüsse für das Müsli am nächsten Morgen mitrösten. Oder ein paar Pinienkerne für den Salat übermorgen.*

TEX-MEX-
OFEN-SÜSSKARTOFFEL

Für 4 Personen

Zutaten

4 Süßkartoffeln (à ca. 400g)
100g Cheddar (alternativ junger Gouda)
150g Schmand
3EL Saure Sahne
Salz · Pfeffer
½TL Kreuzkümmel
1 Mini-Romanasalat
2 Tomaten
½ Bund Koriandergrün (nach Belieben)
1 Dose Kidneybohnen (400g Füllgewicht)
1 Dose Mais (ca. 140g Abtropfgewicht)
1große Zwiebel
1 Knoblauchzehe
2EL Olivenöl
1 ½EL Tomatenmark
¾TL Chili-Gewürzmischung

So geht's

1 Den Backofen auf 200 °C (Ober-/Unterhitze) vorheizen. Süßkartoffeln gründlich waschen, ringsherum mit einer Gabel tief einstechen und auf ein Blech legen. Im heißen Ofen (Mitte) ca. 1 Stunde – 1 Stunde 15 Minuten garen, dabei einmal wenden. Wenn die Süßkartoffeln sich leicht mit einem Messer einstechen lassen und beim Drücken weich nachgeben, sind sie gar.

2 Inzwischen den Käse grob raspeln. Schmand und saure Sahne glatt verrühren und so viel Wasser zugeben, bis eine dickflüssige Creme entsteht. Mit Salz, Pfeffer und Kreuzkümmel würzen. Salat waschen, trocken schleudern und die Blätter quer in feine Streifen schneiden. Tomaten waschen und in kleine Würfel schneiden, dabei den Stielansatz entfernen. Nach Belieben Koriandergrün waschen, trocken schütteln, Blättchen abzupfen und fein hacken.

3 Bohnen in ein Sieb abgießen, dabei die Einlegeflüssigkeit auffangen. Mais zu den Bohnen geben. Zwiebel und Knoblauch schälen und fein würfeln. Das Öl in einem kleinen Topf erhitzen, darin Zwiebel und Knoblauch bei niedriger Hitze goldgelb andünsten. Tomatenmark unterrühren und kurz mitrösten, dann Bohnen und Mais zugeben. Etwas Einlegeflüssigkeit und das Chiligewürz zugeben und alles offen 5 Minuten bei mittlerer Hitze einköcheln lassen – falls nötig, noch etwas Flüssigkeit zugeben.

4 Die Süßkartoffeln aus dem Ofen nehmen und auf Teller verteilen. Längs aufschneiden und das Innere leicht mit einer Gabel aufbrechen. Bohnen-Mais-Mix, Salatstreifen und Tomatenwürfel darauf häufen, mit dem Sahne-Schmand beträufeln und mit Käse und Koriandergrün bestreuen.

EIN GUTER GRUND, SICH AB UND AN SÜSSKARTOFFELN ZU GÖNNEN:

Süßkartoffeln sind ausgesprochen gesund und enthalten einen hohen Anteil an Vitaminen und Mineralstoffen (z.B. viel Betacarotin, Vitamin A und E). Da ihr Ballaststoffgehalt höher als der normaler Kartoffeln ist, machen sie lange satt. Aber viele Süßkartoffeln stammen aus Übersee und Israel. Das bedeutet nicht nur lange Wege mit hoher CO_2-Bilanz, sondern auch Plastikmüll durch den Transport.

Darum: *Wer Süßkartoffeln mit gutem Gewissen genießen möchte, sollte auf die Herkunft achten und welche aus Spanien, Portugal oder Italien nehmen. Aufgrund der hohen Nachfrage werden auch hierzulande immer mehr Süßkartoffeln angebaut.*

INDISCHE

OFEN-KARTOFFELN

Für 4 Personen

Zutaten

FÜR DIE KARTOFFELN & KICHERERBSEN:

1kg kleine vorwiegend festkochende Kartoffeln mit dünner Schale
4EL Olivenöl
1 gehäufter EL Butter
2 Knoblauchzehe
1 Dose Kichererbsen (240g Abtropfgewicht)
½TL gemahlener Kreuzkümmel
¼TL Currypulver
1-2 Msp. Chilipulver (nach Belieben)
Salz - Pfeffer

FÜR DIE TOMATENRAITA:

2 Tomaten
400g Joghurt
¾TL gemahlener Kreuzkümmel
Salz - Pfeffer
1 kleines Bund Koriandergrün

So geht's

1 Kartoffeln gründlich waschen und in ausreichend Wasser 20 Minuten garen – sie sollten sich ohne Widerstand mit einem spitzen Messer einstechen lassen, aber auf keinen Fall zu weich sein. In der Zwischenzeit den Backofen auf 200 °C (Ober-/Unterhitze) vorheizen und ein Blech mit Backpapier belegen. Das Backpapier auf einer Hälfte mit ½EL Öl bepinseln. Butter in einem Pfännchen schmelzen. Knoblauch schälen und 1 Zehe in die Butter pressen.

3 Kichererbsen in ein Sieb abgießen, kalt abspülen und abtropfen lassen. Übrige Knoblauchzehe mit 1 ½EL Öl, Kreuzkümmel, Curry- und nach Belieben Chilipulver verrühren. Kichererbsen damit mischen, salzen und pfeffern.

4 Kartoffeln abgießen und leicht abkühlen lassen, dann auf der eingeölten Seite des Blechs verteilen. Jede Kartoffel mit einem Stampfer auf ca. 2cm Höhe platt drücken, dabei darauf achten, dass sie nicht auseinanderfällt. Mit übrigem Öl (2EL) bepinseln, salzen, pfeffern und im heißen Ofen (Mitte) 20–25 Minuten garen, bis sie leicht bräunen.

5 Das Blech kurz herausnehmen und die Kartoffeln mit Knoblauchbutter bepinseln. Kichererbsen auf der anderen Hälfte des Blechs verteilen. Im heißen Ofen (Mitte) weitere 20–25 Minuten garen, bis die Kartoffeln knusprig sind.

6 Währenddessen die Tomaten waschen und fein würfeln, dabei den Stielansatz entfernen. Mit Joghurt mischen und mit Kreuzkümmel, Salz und Pfeffer würzen. Koriandergrün waschen, trocken schütteln, Blättchen abzupfen, eine Hälfte fein zerschneiden und untermischen, den Rest grob hacken. Die Kartoffeln auf Teller verteilen, die Kichererbsen darüber geben und mit Tomatenraita beträufeln. Alles mit Koriandergrün bestreuen.

EIN GUTER GRUND, ZUR KARTOFFEL ZU GREIFEN: Im Gegensatz zu anderen Kohlenhydratlieferanten wie Reis, Getreide und Mais beanspruchen Kartoffeln trotz höheren Ertrags bereits beim Anbau weniger Wasser und Raum; auch nach der Ernte bleibt der Energieverbrauch bei der Lagerung geringer. Das Angebot an hierzulande angebauten Sorten ist riesig – also gleich viele gute Gründe, ein paar Kartoffeln mehr einzulagern und zu essen.

Darum: *Kartoffeln gehören öfter auf den Tisch, als gesunde Sattmacher und hervorragende Kohlenhydratquelle. Ergänzt durch Kichererbsen und Joghurt als Eiweißlieferanten, ist unser Gericht rundum ausgewogen, und das gemeinsame Garen im Ofen spart Energie.*

BUNTE
CHICKPEA-PASTA
MIT GEMÜSESAUCE

Für 4 Personen

Zutaten

2 kleine Zucchini
2 gelbe Paprika
1 kleine Aubergine
1 Zwiebel
1 Knoblauchzehe
3 Zweige Thymian
3-4EL Olivenöl
Salz - Pfeffer
1TL körniger Senf
2 Dosen stückige Tomaten (à 400g Füllgewicht)
350g Kichererbsenspirelli (siehe Tipp)
1 kleiner Bund Petersilie
Zucker
vegetarische Parmesan-Alternative (z.B. Montello) zum Bestreuen (für vegane Alternativen siehe „Ein guter Grund" und Variante)

So geht's

1 Das Gemüse waschen und putzen. Zucchini längs halbieren, die Hälften quer in ca. 5mm dicke Scheiben schneiden. Paprika klein würfeln, Aubergine längs vierteln und die Viertel quer in 5mm dicke Stücke schneiden. Zwiebel schälen, längs halbieren und die Hälften längs in dünne Spalten schneiden. Knoblauch schälen und fein würfeln. Thymian waschen, trocken schütteln, Blättchen abzupfen und grob hacken. 2–3EL Olivenöl in einer großen beschichteten Pfanne mit hohem Rand erhitzen, darin die Aubergine rundum leicht braun braten, salzen und pfeffern, dann herausnehmen.

2 Übriges Öl erhitzen, darin Zwiebel, Zucchini und Paprika bei großer Hitze anbraten, bis die Zucchini leicht bräunen. Knoblauch zugeben und bei niedriger Hitze 2–3 Minuten unter Rühren mitbraten. Senf unterrühren, dann die Tomaten und Thymian zugeben. Salzen, pfeffern und zugedeckt 10–15 Minuten garen, dann offen weitere ca. 10 Minuten bei mittlerer Hitze leicht einkochen lassen.

3 Währenddessen die Nudeln nach Packungsanweisung in Salzwasser garen, in ein Sieb abgießen und abtropfen lassen. Die Petersilie waschen, trocken schütteln, Blättchen abzupfen und grob zerschneiden. Das Gemüse mit Salz, Pfeffer und Zucker abschmecken. Nudeln und zwei Drittel Petersilie untermischen und alles 1 Minute bei niedriger Hitze ziehen lassen. Dann auf Teller verteilen, mit restlicher Petersilie und mit Käse bestreut servieren.

EIN GUTER GRUND, INS NUDELREGAL ZU SCHAUEN:

Viele Bio- oder Supermärkte bieten inzwischen Nudeln an, die anstelle von Weizen aus, oder zusätzlich mit, Kichererbsen-, Linsen- oder Sojabohnenmehl hergestellt sind. Das bringt nicht nur einen neuen Geschmacksdreh, sondern liefert auch eine extra Portion pflanzliches Eiweiß. Wer das Rezept vegan möchte und auf den eiweißhaltigen Käse verzichtet, kann diesen durch 3–4EL aufgestreute Pinienkerne oder Walnusskerne (ohne Fett in der Pfanne geröstet) ersetzen. Das bringt zwar nicht mehr Eiweiß, ergänzt die Mahlzeit aber gut in ihrer Nährwertzusammensetzung.

VEGANE VARIANTE

Eine weitere tolle vegane Parmesan-Alternative ist ein Mix aus 100g gemahlenen Mandeln, 2EL gemahlene Hefeflocken und 1TL Salz. Luftdicht verschlossen und im Kühlschrank gelagert, hält er sich 3–4 Wochen.

Penne mit Tomaten-Rahmsauce und Walnüssen

Spaghetti alla Veggie-Carbonara

Nudeln mit Brokkoli-Pesto

NUDELN
MIT BROKKOLI-PESTO

Für 4 Personen

Zutaten

250g Brokkoli
Salz
400g Vollkorn-Nudeln
25g geschälte Mandeln
40g frisch geriebene vegetarische Parmesan-Alternative (z.B. Montello; siehe Seite 136)
1 Knoblauchzehe
¼ Bund Basilikum
50g grünes Blattgemüse (z.B. junger Spinat, zarte Grünkohlblätter, Rucola o.ä.)
2EL Zitronensaft
4EL Olivenöl
Pfeffer

So geht's

1 Brokkoli putzen, waschen und in Röschen teilen. Den Stiel schälen und in Stücke schneiden. Röschen und Stiel in kochendes Salzwasser geben und ca. 8 Minuten garen. Die Nudeln nach Packungsanweisung in Salzwasser garen.

2 Inzwischen die Mandeln in einer Pfanne ohne Fett anrösten, bis sie duften. Herausnehmen, abkühlen lassen und grob hacken. Den Käse grob reiben. Den Knoblauch schälen und hacken. Das Basilikum waschen, trocken schütteln und die Blätter von den Stielen zupfen. Das Blattgemüse waschen, trocken schleudern und mit dem Basilikum grob hacken. Den Brokkoli abgießen, dabei etwas Kochwasser auffangen.

3 Brokkoli, Basilikum, Blattgemüse, Mandeln, Käse, Knoblauch, Zitronensaft, Öl und 2EL Kochwasser in einen hohen Rührbecher oder Standmixer geben und zu einem feinen Pesto pürieren. Nach Bedarf noch etwas Kochwasser untermixen, dann salzen, pfeffern und unter die heißen Nudeln mischen.

SPAGHETTI
ALLA VEGGIE-CARBONARA

Für 4 Personen

Zutaten

75g Walnusskerne
1 Knoblauchzehe
2EL Olivenöl
2EL Weißwein
400g Spaghetti
Salz
200g TK-Erbsen
2 sehr frische Eier (Größe L)
60g frisch geriebene vegetarische Parmesan-Alternative (z.B. Montello; siehe Seite 136)
Pfeffer
2EL gehackte Petersilie

So geht's

1 Die Walnüsse grob hacken. Den Knoblauch schälen und fein hacken. Das Öl in einer Pfanne erhitzen, die Nüsse darin unter Wenden anrösten, am Ende den Knoblauch unterrühren. Den Wein zugießen, kurz einkochen lassen, dann die Pfanne zur Seite stellen.

2 Inzwischen die Nudeln in Salzwasser nach Packungsanweisung garen. Dabei ca. 5 Minuten vor Ende der Garzeit die Erbsen zugeben und mitgaren. Die Eier mit dem Käse in einer Schüssel verquirlen. Mit Salz und Pfeffer würzen.

3 Den Topf vom Herd nehmen. Die Nudeln und Erbsen abgießen, abtropfen lassen und zurück in den Topf geben. 2–3 Minuten abkühlen lassen, dann die Eier-Mischung unter Rühren langsam zugießen, bis die Sauce cremig wird. Die Nussmischung unterrühren. Die Nudeln auf Teller anrichten, mit etwas frisch gemahlenem Pfeffer und Petersilie bestreut servieren.

PENNE

MIT TOMATEN-RAHMSAUCE UND WALNÜSSEN

Für 4 Personen

Zutaten

- 40g Walnusskerne
- 1 Zwiebel
- ½ Bund Salbei
- 2 Bio-Orangen
- 2EL Öl
- 1 Dose stückige Tomaten (400g Füllgewicht)
- 1TL Honig
- Salz - Pfeffer
- 400g Nudeln (z.B. Penne)
- 100g Crème fraîche

So geht's

1 Die Nüsse in einem Topf ohne Fett anrösten, bis sie duften, sofort herausnehmen und hacken. Die Zwiebel schälen und würfeln. Den Salbei waschen, trocken schütteln und die Blätter von den Stielen zupfen. 1 Orange heiß waschen, trocken tupfen und die Schale abreiben. Beide Orangen halbieren und den Saft auspressen.

2 Das Öl in einem Topf erhitzen. Salbei darin knusprig braten, herausnehmen. Die Zwiebel im Bratöl andünsten. Tomaten, 200ml Wasser und den Orangensaft zugeben. Alles aufkochen und ca. 10 Minuten köcheln lassen. Dann die Crème fraîche und die Orangenschale in die Sauce einrühren, mit Honig, Salz und Pfeffer abschmecken. Weitere ca. 5 Minuten köcheln lassen.

3 Inzwischen die Nudeln in Salzwasser nach Packungsanweisung garen. Anschließend abgießen und abtropfen lassen. Die Sauce unter die Nudeln mischen. Mit geröstetem Salbei und Nüssen bestreut anrichten.

EIN GUTER GRUND, ORANGEN NUR IM WINTER ZU ESSEN:

Auch wenn die runden Südfrüchte ganzjährig angeboten werden, greife vor allem in der kalten Jahreszeit zu. Denn dann kommen die Orangen aus südeuropäischen Ländern wie Italien oder Spanien und sind im Hinblick auf ihren Transportweg ökologisch vertretbar. Im Sommer kommen sie dagegen aus Übersee, z.B. aus Brasilien oder Südafrika. Zur Bio-Ware zu greifen, lohnt sich gleich doppelt: Zum einen schont das die Umwelt in den Anbauländern, zum anderen ist die Schale ohne Bedenken essbar und gibt ein tolles Aroma ab. Das lässt sich auch konservieren, indem du die dünn abgeschälte Schale in ein Schraubglas mit Zucker oder Salz gibst oder auf der Heizung trocknen lässt und hinterher im Blitzhacker zu Pulver mahlst. Der Orangenzucker eignet sich z.B. zum Verfeinern von Gebäck.

LINSEN**BOLOGNESE**

MIT WALNÜSSEN

Für 4 Personen

Zutaten

1 Stange Lauch
2 Möhren
3 Stangen Staudensellerie
2 EL Pflanzenöl
1 EL Tomatenmark
1 TL getrockneter Oregano
100 g Rote Linsen
1 Dose stückige Tomaten
(400 g Füllgewicht)
Salz – Pfeffer
Zucker
350 g Vollkorn-Nudeln
75 g Walnusskerne
50 g vegetarische
Parmesan-Alternative
(z. B. Montello;
siehe unten)

So geht's

1 Den Lauch putzen, längs halbieren, gut waschen und in schmale Scheiben schneiden. Die Möhren putzen, schälen, längs halbieren und in kleine Würfel schneiden. Den Sellerie putzen, waschen und in schmale Stücke schneiden.

2 Das Öl in einer weiten Pfanne erhitzen. Das Gemüse darin unter Wenden ca. 5 Minuten anbraten. Das Tomatenmark und den Oregano einrühren, die Linsen zugeben, die Tomaten und 150 ml Wasser angießen. Alles aufkochen, mit Salz, Pfeffer und 1 Prise Zucker würzen und ca. 10 Minuten köcheln lassen. Dabei öfters umrühren.

3 Inzwischen die Nudeln in Salzwasser nach Packungsanweisung garen. Die Nüsse grob hacken und in einer Pfanne ohne Fett rösten, bis sie duften. Den Käse fein reiben. Die Nüsse zur Sauce geben, unterrühren und nochmals mit Salz und Pfeffer abschmecken. Die Nudeln abgießen, mit der Sauce und dem Käse anrichten.

EIN GUTER GRUND, AUF VEGETARISCHEN KÄSE ZU ACHTEN:

Traditionell wird Käse unter Verwendung von tierischem Lab hergestellt. Dieses wird aus Kälbermägen gewonnen. Da Kälber hierfür getötet werden, ist Käse aus tierischem Lab nicht vegetarisch. Mittlerweile werden etwa 80 Prozent der erhältlichen Käsesorten mit mikrobiellem Lab hergestellt. Dieser Käse ist vegetarisch. Leider ist auf dem Etikett oft nicht ersichtlich, welche Art von Lab verwendet wurde. Wenige Hersteller kennzeichnen die Produkte oder weisen auf ihren Internetseiten daraufhin. Nachfragen lohnt sich! Parmesan oder Feta, deren traditionelle Herstellung geschützt ist, müssen mit Kälberlab hergestellt werden. Es gibt jedoch gute Alternativen, die mit mikrobiellem Lab hergestellt werden und in jedem Supermarkt erhältlich sind. Generell lohnt sich Nachfragen bei Herstellern oder Käsehändlern, um sicherzugehen, tatsächlich vegetarischen Käse zu kaufen.

VEGGIE FRIED NOODLES

MIT SOJASCHNETZEL

Für 4 Personen

Zutaten

ca. 400ml Gemüsebrühe
(siehe Seite 97)
100g feine Sojaschnetzel
150g Mie-Nudeln
1 kleine Stange Lauch
2 Möhren
200g kleine Champignons
4 Frühlingszwiebeln
1 Knoblauchzehe
20g frischer Ingwer
4EL Sojasauce
1-1 ½TL Chilisauce
(z.B. Sriracha)
Pflanzenöl zum Braten
3TL geröstetes Sesamöl

So geht's

1 In einem Topf 300ml Gemüsebrühe aufkochen. Sojaschnetzel einrühren und zugedeckt auf ausgeschalteter Herdplatte oder auf kleinster Stufe 10 Minuten quellen lassen. Die Nudeln nach Packungsanweisung mit heißem Wasser übergießen, ziehen lassen, dabei auflockern, anschließend in ein Sieb gießen und abtropfen lassen.

2 Inzwischen den Lauch putzen, längs halbieren, gut waschen und die Hälften quer in schmale Streifen schneiden. Die Möhren schälen und in dünne Streifen (Julienne) schneiden. Die Champignons putzen und quer in ca. 3mm dicke Scheiben schneiden. Die Frühlingszwiebeln putzen, waschen, den weißen Teil in 4cm lange Stücke schneiden, den grünen in dickere Ringe. Knoblauch und Ingwer schälen und getrennt fein würfeln. Sojasauce mit Chilisauce und 2EL Gemüsebrühe verrühren.

3 In einem Wok oder einer beschichteten Pfanne reichlich Öl erhitzen. Darin die weißen Zwiebelstücke, Möhren und Lauch bei großer Hitze unter Rühren anbraten, bis sie leicht zu bräunen beginnen. Pilze, Knoblauch und Ingwer zugeben und unter Rühren weiterbraten, bis das Gemüse bräunt und Röstaromen entwickelt. Mit übriger Gemüsebrühe (100ml) ablöschen. Sojaschnetzel unterrühren und auf niedriger Hitze unter Rühren 1–2 Minuten braten, bis die Flüssigkeit verdampft ist.

4 Die Würzsauce unterrühren, sofort die Nudeln und etwa die Hälfte Zwiebelgrün unterheben und mit Sesamöl beträufeln. 1–2 Minuten unter vorsichtigem Rühren weitergaren, bis die Nudeln heiß sind und sich gut mit den übrigem Zutaten verbunden haben. Die Fried Noodles auf Teller verteilen und mit Zwiebelgrün bestreuen.

EIN GUTER GRUND, AB UND AN SOJA ZU VERWENDEN: Egal ob Tofu, Sojaschnetzel oder Sojaprodukte in anderer Form: Alle sind für Vegetarier dank dem hohen Gehalt an pflanzlichem Protein ein guter Fleischersatz. Auch wenn Soja sogenannte Phytoöstrogene (auch Isoflavone genannt) enthält, gilt sein Genuss in Maßen als unbedenklich, lediglich bei Säuglingen wird von der Fütterung mit Sojamilch abgeraten. Das Argument, dass für die Soja-Produktion Regenwälder in Südamerika abgeholzt werden, kann man getrost vergessen: Denn 98 Prozent des weltweit produzierten Soja wird ausschließlich als Tierfutter verwendet. Im Prinzip wäre es daher viel sinnvoller und ökonomischer Sojaprodukte anstelle von Fleisch zu essen: 1 kg Soja in der Schweinmast liefert gerade mal 300 g Fleisch, dagegen 2 kg Tofu!

Darum: *Soja ist, ökologisch gesehen, ein toller Fleischersatz – auch wenn man geschmacklich oft etwas mehr Aufwand mit Würzen und Marinieren betreiben muss. Allerdings sollte man Sojaprodukte – wie bei Fleisch – in Maßen (siehe Ernährungspyramide Seite 13) essen.*

AUBERGINEN-
SHAKSHUKA

Für 4 Personen

Zutaten

1 Aubergine
1 Zwiebel
2 EL Pflanzenöl
2 Knoblauchzehen
Salz – Pfeffer
½ TL Kreuzkümmel
1 TL edelsüßes Paprikapulver
2 Dosen stückige Tomaten (à 400 g Füllgewicht)
Zucker
6 Eier (Größe M)
½ Bund Dill
200 g griechischer Joghurt (10 % Fett)

So geht's

1 Die Aubergine waschen, putzen und in ca. 1 cm große Würfel schneiden. Die Zwiebel schälen und fein würfeln. Das Öl in einer großen beschichteten Pfanne erhitzen. Die Zwiebel darin andünsten, die Aubergine zugeben und unter Wenden ca. 5 Minuten braten. 1 Knoblauchzehe schälen, klein hacken, zugeben und kurz mitbraten. Mit Salz, Pfeffer, Kreuzkümmel und Paprikapulver würzen. Die Tomaten zugeben, aufkochen und bei starker Hitze ca. 5 Minuten einkochen lassen.

2 Die Sauce mit Salz, Pfeffer und 1 Prise Zucker würzig abschmecken. Mit einem Löffel 6 Kuhlen in die Sauce drücken. Die Eier einzeln in eine Tasse aufschlagen und vorsichtig in je eine der Kuhlen gleiten lassen. Das Eiweiß mit dem Löffel etwas über das Eigelb ziehen. Zugedeckt ca. 6 Minuten garen, bis die Eier gestockt sind.

3 Inzwischen den Dill waschen, trocken schütteln, die Fähnchen von den Stielen zupfen und fein schneiden. Restlichen Knoblauch schälen und fein würfeln. Beides unter den Joghurt mischen, mit Salz abschmecken. Shakshuka mit Joghurt servieren.

EIN GUTER GRUND, ZU TOMATEN AUS DER DOSE ZU GREIFEN: Laut einer Studie der Universität Gießen verursachen Tomaten aus beheizten Gewächshäusern mehr als 100-mal so viel CO_2 wie Freilandtomaten aus der Region. Außerhalb der Freilandsaison sind Tomaten aus der Dose daher die bessere Wahl. Denn trotz des hohen Energieaufwandes, der für die Produktion der Dose anfällt, schneiden sie besser ab als Gewächshausware.

SAISON-VARIANTEN

Statt Aubergine schmecken je nach Vorrat und Jahreszeit auch andere Gemüsesorten wie z.B. Zucchini, Paprika, grob gehackter Blattspinat, Mangold, Grünkohl oder Staudensellerie.

DINKEL-RISOTTO

MIT SPINAT

Für 4 Personen

Zutaten

250g Dinkelkörner
1 Zwiebel
1 Knoblauchzehe
2 Möhren
2EL Pflanzenöl
500ml Gemüsebrühe
1TL getrockneter Oregano
Salz - Pfeffer
600g jungen Blattspinat
2EL Pinienkerne
50g vegetarische Parmesan-Alternative (z.B. Montello; siehe Seite 136)
75g Ziegenfrischkäse

So geht's

1 Den Dinkel in eine Schüssel geben, 500ml Wasser zugießen und abgedeckt über Nacht einweichen.

2 Am nächsten Tag den Dinkel abgießen und abtropfen lassen. Die Zwiebel und den Knoblauch schälen und fein würfeln. Die Möhren putzen, schälen und in in kleine Würfel schneiden. 1EL Öl in einem Topf erhitzen, Zwiebel, Knoblauch und Möhren darin unter Wenden kurz andünsten. Die Dinkelkörner zugeben und weitere ca. 3 Minuten andünsten. Gemüsebrühe, Oregano, etwas Salz und Pfeffer zugeben, alles aufkochen und ca. 45 Minuten bei niedriger Hitze garen. Dabei immer wieder umrühren.

3 Inzwischen den Spinat verlesen, waschen und abtropfen lassen. Die Pinienkerne in einer Pfanne ohne Fett rösten, bis sie duften, dann herausnehmen. 1EL Öl in der Pfanne erhitzen und den Spinat darin in 2–3 Minuten zusammenfallen lassen, mit Salz würzen. Den Käse fein reiben.

4 Die Hälfte des Käses und den Frischkäse zum Dinkelrisotto geben und unterrühren. Den Spinat zugeben und unterheben. Dinkelrisotto mit Salz und Pfeffer abschmecken. Mit übrigem Käse und gerösteten Pinienkernen bestreut servieren.

SAISON-TIPP

Statt Spinat passt auch anderes grünes Blattgemüse wie z.B. Mangold, Grünkohl, Schwarzkohl oder Löwenzahn.

NASI **GORENG**

Für 4 Personen

Zutaten

200g Reis (alternativ 600g gekochter Reis vom Vortag)
Salz
4EL ungesüßtes Erdnussmus
4EL Kokosmilch (aus der Dose; alternativ Milch)
2EL süß-saure Asia-Sauce für Huhn (Fertigprodukt)
etwas Limettensaft
4-5EL Ketjap Manis (süße indonesische Sojasauce)
1 Stange Lauch
1 große rote Paprika
1 Pak Choi (ca. 300g)
2EL Pflanzenöl
1EL gemahlene Kurkuma
1TL gemahlener Kreuzkümmel
4 Eier (Größe M)
Pfeffer
2EL Röstzwiebeln (Fertigprodukt)

So geht's

1 Den Reis nach Packungsanweisung in Salzwasser zubereiten. Gekochten Reis auf einem Backblech ausbreiten und abkühlen lassen. Für die Sauce Erdnussmus, Kokosmilch und Asia-Sauce verrühren und vorsichtig unter Rühren erhitzen, aber nicht kochen. Mit Limettensaft und etwas Ketjap Manis abschmecken, warm halten.

2 Das Gemüse putzen, den Lauch längs halbieren und alles gut waschen. Den Lauch in schmale Streifen schneiden. Die Paprika würfeln. Vom Pak Choi die Blätter von den Stielen schneiden und grob hacken. Die Stiele klein schneiden.

3 1EL Öl in einer großen Pfanne erhitzen. Den Lauch, die Paprika und die Pak-Choi-Stiele darin unter Wenden 3–4 Minuten andünsten. Pak-Choi-Blätter zugeben und kurz mitdünsten. Die Gewürze zugeben. 4EL Ketjap Manis einrühren und alles kurz köcheln lassen. Den abgekühlten Reis untermischen und unter Rühren bei starker Hitze ca. 5 Minuten braten.

4 In einer zweiten Pfanne in 1EL Öl die Eier zu Spiegeleiern braten, mit Salz und Pfeffer würzen. Nasi Goreng nochmals mit Salz, Pfeffer und etwas Ketjap Manis abschmecken. Die Eier darauf legen und alles mit Röstzwiebeln bestreuen. Die Erdnusssauce extra dazu reichen.

EIN GUTER GRUND, „EXOTISCHES" GEMÜSE ZU VERWENDEN: Der aus Asien stammende Pak Choi ist ein ziemlicher Neuling in der Gemüseabteilung. War er früher nur als Importware mit langen Transportwegen erhältlich, ist er mittlerweile heimisch geworden: Er wächst auch hierzulande und wird oft sogar in Bio-Qualität angeboten. Ein echter Klimafreund, der Abwechslung in die Gemüseküche bringt.

VEGANE VARIANTE

Statt Spiegeleiern gebratenen Tofu oder geröstete Cashewkerne auf dem Nasi Goreng anrichten.

AUS DEM OFEN

OFEN RISOTTO

MIT KÜRBIS UND RÄUCHERTOFU

Für 4 Personen

Zutaten

500g Hokkaido-Kürbis
250g Risotto-Reis
750ml heiße Gemüsebrühe
30g Butter
4 Stiele Thymian
200g Räuchertofu
1EL Pflanzenöl
30g Ziegenfrischkäse
Salz - Pfeffer

So geht's

1 Den Backofen auf 190 °C Ober-/Unterhitze (170 °C Umluft) vorheizen. Den Kürbis waschen, entkernen und in 1–2cm große Würfel schneiden. Kürbis, Risotto-Reis, heiße Gemüsebrühe, Butter und Thymian in eine Auflaufform geben und mit Alufolie oder einem passenden Deckel gut verschließen. Im Ofen (Mitte) ca. 50 Minuten garen, bis der Reis weich ist. Dabei zwischendurch zweimal umrühren.

2 Inzwischen den Räuchertofu in kleine Würfel schneiden. Das Öl in einer großen Pfane erhitzen und den Tofu darin unter Wenden in ca. 5 Minuten knusprig anbraten.

3 Das Risotto aus dem Ofen nehmen. Den Ziegenfrischkäse zugeben und unter das Risotto rühren. Das Risotto mit Salz und Pfeffer abschmecken und mit dem Tofu bestreut anrichten.

EIN GUTER GRUND, BEI SOJA AUF „BIO" ZU SETZEN:

Viele fürchten, Sojaprodukte könnten aus genmanipuliertem Soja hergestellt sein. In Europa ist der Anbau von gentechnisch verändertem Soja aber generell verboten und Bio-zertifizierte Erzeugnisse verzichten auf manipuliertes Saatgut jeder Art. Wer also auf Bio-Siegel und Herkunft achtet, ist gleich doppelt auf der sicheren Seite. Viel größer ist die Wahrscheinlichkeit, genmanipulierten Soja in Form von Fleisch, Eiern und Milchprodukten auf dem Teller zu haben. Denn ein Großteil des als Tierfuttermittel eingesetzten Sojas in Deutschland stammt aus dem Ausland und über 80 Prozent davon sind gentechnisch verändert!

Darum: ***Besser zu Bio-zertifizierten Sojaprodukten aus Europa greifen und tierische Produkte eher links liegen lassen.***

VEGAN SHEPHERD'S PIE

Für 4 Personen

Zutaten

1 Stange Lauch
3 Möhren (ca. 300g)
1 kleiner Knollensellerie (ca. 900g)
400g mehlig kochende Kartoffeln
Salz
1EL Pflanzenöl
200g Rote Linsen
1TL getrockneter Majoran
2 Dosen Tomaten (à 400g Füllgewicht)
Pfeffer
225ml Sojadrink (alternativ Milch)
frisch geriebene Muskatnuss
25g Margarine (alternativ Butter)

So geht's

1 Den Lauch putzen, gut waschen und klein schneiden. Die Möhren und den Sellerie putzen und schälen. Die Möhren und ca. 300 g Sellerie in kleine Würfel schneiden. Den übrigen Sellerie grob würfeln. Die Kartoffeln schälen, waschen und ebenfalls grob würfeln. Grobe Sellerie- und Kartoffelwürfel knapp bedeckt mit Salzwasser in einem Topf zugedeckt ca. 20 Minuten garen.

2 Inzwischen das Öl in einer großen Pfanne erhitzen. Den Lauch, die Möhren- und Selleriewürfel darin unter Wenden ca. 5 Minuten andünsten. Die Linsen und den Majoran zugeben und kurz mitdünsten. Die Tomaten und 250ml Wasser zugeben, mit Salz und Pfeffer würzen, einmal aufkochen, dann ca. 10 Minuten zugedeckt köcheln lassen. Anschließend ohne Deckel weitere ca. 5 Minuten köcheln lassen. Nochmals mit Salz und Pfeffer abschmecken.

3 Den Backofen auf 200 °C Ober-/Unterhitze (180 °C Umluft) vorheizen. Kartoffeln und Sellerie abgießen und ausdampfen lassen. Den Pflanzendrink lauwarm erhitzen, zur Kartoffel-Sellerie-Mischung geben und zu cremigem Püree stampfen. Mit Salz und etwas Muskatnuss würzen. Das Linsen-Ragout in eine Auflaufform geben. Das Püree wellig darauf verteilen. Die Margarine in Flöckchen darauf setzen. Im heißen Ofen (Mitte) 25–30 Minuten backen, bis das Püree knusprig gebräunt ist.

DUTCH BABY

OFEN-PFANNKUCHEN MIT SPINAT

Für 4 Personen

Zutaten

125g Dinkelvollkornmehl
½TL Salz
½TL schwarzer Pfeffer
¼TL Backpulver
6 Eier (Größe M)
175ml Milch
75g geriebener vegetarische Parmesan-Alternative (z.B. Montello; siehe Seite 136)
2EL Schnittlauchröllchen
3EL Pflanzenöl
2 Frühlingszwiebeln
300g junger Blattspinat
½ Bio-Zitrone
frisch geriebene Muskatnuss

So geht's

1 Den Backofen auf 225 °C Ober-/Unterhitze (200 °C Umluft) vorheizen. Dabei eine ofenfeste Pfanne (am besten aus Eisen) in den Ofen stellen und mit vorheizen.

2 Das Mehl mit Salz, Pfeffer und Backpulver in einer Schüssel mischen. Die Eier und die Milch in einer Rührschüssel mit einem Schneebesen verquirlen. 50 g Käse und Schnittlauch zugeben und unterrühren. Die Mehlmischung zugeben und kurz unterrühren.

3 Die heiße Pfanne aus dem Ofen nehmen und 2EL Öl hineingeben, dann den Teig eingießen. Die Pfanne zurück in den heißen Ofen (Mitte) schieben und 20–25 Minuten backen, bis der Pfannkuchen aufgegangen und goldbraun ist.

4 Inzwischen die Frühlingszwiebeln putzen, waschen und in feine Ringe schneiden. Den Spinat verlesen, waschen und abtropfen lassen. Die Zitrone heiß abwaschen, trocken tupfen, die Schale abreiben und den Saft auspressen. 1EL Öl in einer großen beschichteten Pfanne erhitzen. Den weißen Teil der Frühlingszwiebeln darin andünsten. Den Spinat zugeben und unter Wenden in 2–3 Minuten zusammenfallen lassen. Mit Salz, Pfeffer, etwas Muskatnuss, Zitronensaft und -schale abschmecken, dann warmhalten.

5 Den Pfannkuchen aus dem Ofen nehmen. Den Spinat in die Mitte geben, mit Frühlingszwiebelgrün und übrigem Käse bestreuen und sofort servieren.

STAUB
STAUB

BLUMENKOHL-
MAC'N'CHEESE

Für 4 Personen

Zutaten

½ Blumenkohl (ca. 500g)
Salz
300g kurze Maccaroni (Gabel-Spaghetti)
5TL Butter
3TL Mehl
250ml Milch
125g geraspelter Gratinkäse
½ TL Senf
etwas Zitronensaft
Pfeffer
frisch gemahlene Muskatnuss
3EL Vollkorn-Paniermehl
2EL gehackte Petersilie

So geht's

1 Den Blumenkohl waschen und in kleinen Röschen vom Strunk schneiden. In wenig Salzwasser ca. 10 Minuten garen. Die Nudeln nach Packungsanweisung in Salzwasser garen. Den Blumenkohl abgießen und 175ml Flüssigkeit auffangen.

2 Für die Sauce 3TL Butter in einem Topf schmelzen. Das Mehl einrühren und kurz anschwitzen. Die Milch und die Blumenkohlflüssigkeit nach und nach unter Rühren zugeben. Die Sauce ca. 5 Minuten köcheln lassen. Den Käse in die Sauce rühren und darin schmelzen. Mit Senf, Zitronensaft, Salz, Pfeffer und Muskatnuss abschmecken. Den Blumenkohl zugeben und so einrühren, dass er etwas zerfällt.

3 Die Nudeln abgießen, abtropfen lassen und in einer flachen Auflaufform mit der Sauce mischen. Das Paniermehl mit Petersilie und übriger Butter (2TL) mischen, in Flöckchen auf die Nudeln setzen. Im heißen Ofen (Mitte) ca. 5 Minuten goldbraun gratinieren.

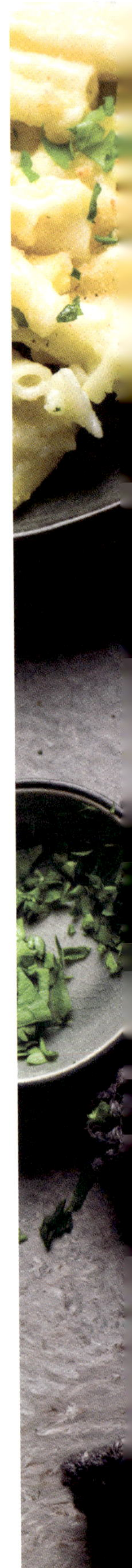

SPINAT**LASAGNE**

Für 4 Personen

Zutaten

600g Spinat (ersatzweise 500g TK-Blattspinat)
2 Zwiebeln
2 Knoblauchzehen
Pflanzenöl zum Braten
Salz - Pfeffer
125g Mozzarella
1 Bund Petersilie
200g Ricotta (alternativ Magerquark)
200g Sahne
1TL Gemüsebrühe (Pulver)
frisch geriebene Muskatnuss
1TL getrockneter Oregano
1TL Butter
9 Lasagneblätter
250g passierte Tomaten (aus dem Tetrapak)
1EL Olivenöl
70g vegetarische Parmesan-Alternative (z.B. Montello; siehe Seite 136)

So geht's

1 Den Spinat verlesen und waschen (TK-Spinat aus dem Kühlfach nehmen). Die Zwiebeln und Knoblauch schälen und fein würfeln. In einem großen Topf ausreichend Öl erhitzen, darin die Zwiebeln und den Knoblauch goldgelb dünsten. Den tropfnassen Spinat (bzw. noch gefrorenen Spinat) zugeben und unter Rühren vollständig zusammenfallen lassen, dabei salzen und pfeffern. Den Spinat in ein Sieb geben, abtropfen und abkühlen lassen, anschließend leicht ausdrücken und eventuell kleiner schneiden (nur bei dem frischen Spinat).

2 Währenddessen den Mozzarella trocken tupfen und in kleine Würfel schneiden. Die Petersilie waschen, trocken schütteln, die Blättchen abzupfen und grob zerschneiden. Den Spinat mit Petersilie, Ricotta, 180 g Sahne und dem Brühepulver gründlich verrühren. Mit Salz, Pfeffer, Muskatnuss und ¾TL getrocknetem Oregano würzen, dann den Mozzarella unterheben.

3 Den Backofen auf 180 °C (Ober-/Unterhitze) vorheizen. Eine Auflaufform (ca. 30 x 20cm) mit der Butter einfetten und die übrige Sahne (20 g) unten eingießen. 3 Lasagneblätter nebeneinander dicht an dicht auslegen. Die Hälfte der Spinatmasse auf die Lasagneblätter geben und darauf achten, dass ausreichend Flüssigkeit dabei ist. 3 weitere Nudelblätter darüber legen und den restlichen Spinat darauf verteilen. Mit den letzten 3 Nudelblättern obenauf abschließen.

4 Die passierten Tomaten mit Olivenöl und restlichem Oregano (¼TL) verrühren, salzen und pfeffern. Den Käse reiben. Die Tomatensauce gleichmäßig auf der obersten Nudelschicht verteilen und mit Käse bestreuen. Im heißen Ofen (Mitte) 30–40 Minuten backen, bis der Käse schön gebräunt ist. Herausnehmen, 5–10 Minuten abkühlen und setzen lassen, dann in Stücke schneiden und servieren.

EIN GUTER GRUND, SPINAT ZU LIEBEN: Spinat ist gesund, das wissen wir seit Popeye. Nicht jedermanns Sache ist das pelzige Gefühl, das Spinat beim Essen auf Zunge und Zähnen hinterlässt und das von der enthaltenen Oxalsäure (z.B. auch in Rhabarber) herrührt. Das lässt sich ganz leicht verhindern, indem man Spinat mit calciumhaltigen Milchprodukten kombiniert, die den angegriffenen Zahnschmelz „glätten". Der zarte Frühlingsspinat, der von März bis Mai geerntet wird, ist diesbezüglich milder, der von September bis November gedeihende Herbstspinat dagegen kräftiger. Darum eignet sich letzterer eher zum Garen, der zarte, frühe auch für Salate.

HIRSEAUFLAUF

MIT SPINAT UND KIRSCHTOMATEN

Für 4 Personen

Zutaten

250g Hirse
1 Stange Lauch
2 Knoblauchzehen
250g Kirschtomaten
100g junger Blattspinat
2EL Olivenöl
Salz - Pfeffer
150g mittelalter Gouda
200g körniger Frischkäse (3,9% Fett)
200ml Milch
gehackte Petersilie zum Bestreuen (nach Belieben)

So geht's

1 Die Hirse in ein feines Sieb geben, unter kaltem Wasser gründlich abspülen und abtropfen lassen. Den Lauch putzen, längs halbieren, gut waschen und klein schneiden. Den Knoblauch schälen und fein würfeln. Die Tomaten waschen und halbieren. Den Spinat waschen, abtropfen lassen und grob hacken.

2 Das Öl in einer großen beschichteten Pfanne erhitzen. Den Lauch darin unter Wenden 2–3 Minuten andünsten. Den Knoblauch zugeben und kurz mitdünsten. Die Tomaten untermischen. Die Hirse einrühren und 500ml Wasser angießen. Aufkochen und 20–25 Minuten köcheln lassen, bis die Hirse gar und die Flüssigkeit fast aufgesaugt ist. Dabei ab und zu rühren.

3 Den Backofen auf 180 °C Ober-/Unterhitze (160 °C Umluft) vorheizen. Die Hirse-Mischung mit Salz und Pfeffer kräftig würzen und in eine flache Auflaufform geben. Den Gouda grob raspeln. Die Hälfte Gouda mit dem Frischkäse und der Milch zur Hirse-Mischung geben und alles gut durchrühren. Den Spinat untermischen und die Masse in der Form glatt streichen. Mit dem restlichen Gouda bestreuen. Im heißen Ofen (Mitte) ca. 30 Minuten backen, bis der Auflauf goldbraun ist. Nach Belieben mit gehackter Petersilie bestreuen. Dazu schmeckt ein grüner Salat.

EIN GUTER GRUND, ÖFTER HIRSE ZU ESSEN:
In Sachen Nährwerte steht Hirse der exotischen Quinoa in nichts nach und lässt sich auch ähnlich verwenden. Im Gegensatz zu den kleinen Körnern aus Südamerika ist Hirse jedoch auch in Europa heimisch, sodass lange Transportwege entfallen. Die kleinen Körnchen sind sehr gute Eisenlieferanten, besonders wenn sie noch mit etwas Vitamin-C-reichem wie hier z.B. mit Salat, Petersilie und Tomaten kombiniert werden. Denn das erleichtert unserem Körper die Aufnahme des pflanzlichen Eisens.

VEGGIE-TIPP

Der Mix aus Hirse, Spinat und Milchprodukten liefert jede Menge Eiweiß und Eisen.

KÜRBIS-KRÄUTER-KUCHEN

Für 4 Personen

Zutaten

200g griechischer Joghurt (10% Fett)
1 kleiner Hokkaido-Kürbis (ca. 1kg)
1 große Zwiebel
2 Knoblauchzehen
4 Zweige Thymian
Olivenöl zum Braten + zum Fetten für die Form
Salz - Pfeffer
¾TL gemahlener Kreuzkümmel
2-3Msp. Chilipulver
1 Bund Frühlingszwiebeln
1 Bund Petersilie
100g Gouda
5 Eier (Größe M)
125g Mehl (Type 405 oder 550)
1 leicht gehäufter TL Backpulver
180g vegetarischer Schafskäse (siehe Seite 136)
¾TL edelsüßes Paprikapulver
frisch geriebene Muskatnuss

So geht's

1 Den Joghurt in ein mit einem sauberen Tuch ausgelegtes Sieb geben, das Sieb über eine Schüssel legen und den Joghurt abtropfen lassen. Inzwischen den Kürbis waschen, vierteln, mit einem Sparschäler grob schälen, Kerne und Fasern entfernen, dann die Viertel auf der Rohkostreibe grob raspeln. Zwiebel und Knoblauch schälen und fein würfeln, Thymian waschen, trocken schütteln, Blättchen abzupfen und fein hacken.

2 In einer beschichteten Pfanne ausreichend Öl erhitzen, darin Zwiebeln und Knoblauch bei mittlerer Hitze goldgelb andünsten. Die Hälfte davon aus der Pfanne nehmen, nach Bedarf etwas Öl nachgießen und die Pfanne stark erhitzen. Die Hälfte Kürbisraspel und die Hälfte Thymian zugeben und unter Rühren bei großer Hitze braten, bis der Kürbis weich und möglichst viel Wasser verdampft ist, gegen Ende mit Salz und Pfeffer würzen. Herausnehmen, etwas Öl mit den restlichen Zwiebeln erhitzen und darin den übrigen Kürbis ebenfalls bei großer Hitze anbraten, salzen und pfeffern. Alles mit Kreuzkümmel und Chili abschmecken und abkühlen lassen.

3 Währenddessen die Frühlingszwiebeln putzen, waschen und mit dem Grün in dünne Ringe schneiden. Die Petersilie waschen, trocken schütteln, Blättchen abzupfen und fein hacken. Das Tuch über dem Joghurt zusammendrehen und so viel Flüssigkeit wie möglich herauspressen. Den Gouda auf der Käsereibe fein reiben.

4 Den Backofen auf 180 °C (Ober-/Unterhitze) vorheizen. Eine Auflaufform (ca. 20 x 28cm) mit Öl einfetten. Die Eier in eine große Rührschüssel aufschlagen und mit dem Schneebesen verquirlen, dann den Joghurt gründlich unterrühren. Mehl mit Backpulver mischen, dazugeben und alles zu einem glatten Teig verrühren. Den Käse trocken tupfen und mit einer Gabel fein zerbröckeln. Mit dem Gouda, dem abgekühlten Kürbis, den Frühlingszwiebeln und der Petersilie unter den Teig mischen. Kräftig mit Salz, Pfeffer, Paprikapulver und Muskatnuss würzen.

5 Den Teig in die Auflaufform füllen und glatt streichen. Den Kürbiskuchen im heißen Ofen (Mitte) in ca. 1 Stunde goldbraun backen. Herausnehmen, 10–15 Minuten abkühlen lassen und dann in Stücke schneiden. Dazu schmeckt ein grüner Salat.

ZUCCHINI-LAUCH-PASTETE

Für 4-6 Personen

Zutaten

250g Filoteig (ca. 10 Blätter)
800g Zucchini
2 Stangen Lauch
2 Zwiebeln
2 Knoblauchzehen
Olivenöl zum Braten
Salz - Pfeffer
200g vegetarischer Schafskäse (siehe Seite 136)
1 Bund Petersilie
1 Bund Dill
2 Eier (Größe L)
½TL edelsüßes Paprikapulver
100g Butter
5EL Milch

So geht's

1 Den Teig aus dem Kühlschrank nehmen und 30 Minuten bei Zimmertemperatur anwärmen lassen. Währenddessen die Zucchini waschen, putzen und auf der Rohkostreibe grob raspeln. Lauch putzen, längs vierteln, gut waschen und die Viertel quer in dünne Scheiben schneiden. Zwiebeln und Knoblauch schälen, die Zwiebeln fein würfeln und den Knoblauch hacken.

2 Etwas Öl in einer beschichteten Pfanne erhitzen, darin Zwiebeln und Knoblauch bei niedriger bis mittlerer Hitze goldgelb dünsten. Gegen Ende den Lauch zugeben und bei mittlerer Hitze mitgaren, bis er leicht zu bräunen beginnt. Die Hälfte der Zwiebel-Lauch-Mischung aus der Pfanne nehmen, die Hälfte Zucchini unterrühren und rührbraten, bis sie weich werden und leicht bräunen, dabei sollte möglichst viel Flüssigkeit verdampfen. Salzen, pfeffern und herausnehmen. Etwas Öl nachgießen, restliche Zwiebel-Lauch-Mischung und übrige Zucchini in die Pfanne geben und wie beschrieben braten, salzen und pfeffern, herausnehmen und abkühlen lassen.

3 Den Käse trocken tupfen und in kleine Würfel schneiden. Die Kräuter waschen, trocken schütteln, Blättchen bzw. Spitzen abzupfen und grob zerschneiden. Die Eier in eine Schüssel aufschlagen und verquirlen. Die Zucchini-Mischung, Kräuter und Käse zugeben und alles gut vermengen, mit Salz, Pfeffer und Paprikapulver würzen.

4 Den Backofen auf 180 °C (Ober-/Unterhitze) vorheizen. Die Butter schmelzen. Eine ofenfeste Auflaufform (ca. 28 x 25cm) dünn mit etwas Butter ausstreichen. Die übrige Butter mit der Milch verrühren. 2 Teigblätter in der Form so auslegen, dass sie den Boden vollständig bedecken und an den Seiten leicht überhängen. Dünn mit Butter-Milch-Mischung bepinseln. Darüber noch zweimal je zwei Blätter wie beschrieben auslegen und immer mit Butter-Milch-Mischung bepinseln.

5 Die Gemüse-Mischung darauf geben, gleichmäßig verteilen und glatt streichen. Darauf die restlichen Blätter so übereinander legen, dass sie die Füllung glatt abdecken ohne an den Seiten zu überlappen. Dabei jede Lage Teig mit Butter-Milch-Mischung bepinseln. Die überhängenden Seiten nach innen über den Teigdeckel klappen und alles nochmals mit der Butter-Milch-Mischung bepinseln. Im heißen Ofen (Mitte) in 35–45 Minuten goldbraun und knusprig backen. Herausnehmen, 5–10 Minuten ruhen lassen, dann in Stücke schneiden und servieren.

MANGOLD QUICHE

Für 4 Personen

Zutaten

200g Mehl (Type 405 oder 550)
Salz
65g kalte Butter
750g Mangold
1große Zwiebel
1 Knoblauchzehe
3-4EL Pflanzenöl
Pfeffer
1TL Gemüsebrühe (Pulver)
100g (halb-)getrocknete Tomaten (in Öl)
400g Saure Sahne
3 Eier (Größe M)
frisch geriebene Muskatnuss
3EL geriebene vegetarische Parmesan-Alternative (z.B. Montello; siehe Seite 136)
Butter für die Form
Mehl zum Arbeiten

So geht's

1 Das Mehl mit ¼TL Salz mischen, die Butter in Flöckchen schneiden und darauf geben. Alles erst mit einem Messer gut verhacken, dann zwischen den Händen zügig zu feinen Bröseln reiben. 100ml Wasser unterrühren und alles ohne all zu viel Druck zu einem glatten Teig verkneten. In eine Gefrierbox geben und 30 Minuten im Kühlschrank kühlen.

2 Inzwischen den Mangold putzen, in einzelne Blätter teilen, waschen und gut trocken schütteln. Die Stiele quer in ca. 5mm breite Streifen und die Blätter in ca. 1cm breite Streifen schneiden. Zwiebel und Knoblauch schälen und fein würfeln. Öl in einer beschichteten Pfanne erhitzen, darin Zwiebel und Knoblauch goldgelb andünsten. Mangoldstiele zugeben und unter Rühren 3 Minuten anbraten, salzen und pfeffern. 4EL Wasser und Gemüsebrühepulver unterrühren und bei mittlerer Hitze 5 Minuten garen. Dann die Mangoldblätter zugeben und unter Rühren zusammenfallen lassen. Vom Herd nehmen und leicht abkühlen lassen.

3 Die getrockneten Tomaten gut abtropfen lassen und in feine Streifen schneiden. Saure Sahne und Eier mit dem Schneebesen verrühren, kräftig mit Salz, Pfeffer und Muskatnuss würzen. Die Tomaten unter den Mangold mischen.

4 Den Backofen auf 220 °C (Ober-/Unterhitze) vorheizen. Eine Spring- oder Tarteform (26 cm Ø) mit Butter einfetten. Den Teig auf einer leicht mehlierten Arbeitsfläche ausrollen und in die Form legen, dabei einen Rand bilden. Den Mangold gleichmäßig auf dem Boden verteilen und den Käse darüber streuen. Den Sahne-Eier-Guss darüber verteilen. Die Quiche im heißen Ofen (Mitte) in 30–35 Minuten goldbraun backen. Herausnehmen, kurz ruhen lassen, dann in Stücke schneiden und servieren.

EIN GUTER GRUND, HÄUFIGER QUICHE ZU BACKEN: Quiche ist im Prinzip eine wunderbare Resteverwertung für übrig gebliebenes gegartes Gemüse. Den Teig wie beschrieben zubereiten, darauf gebratenes oder gedünstetes Gemüse geben, den Guss darüber gießen und ab in den Ofen! Wer keine Reste zu verwerten hat: Auch mit anderen saisonal gewählten Gemüsesorten z.B. gebratener Zucchini, Paprika, Fenchel oder gedünstetem Spinat, Brokkoli, Lauch oder Spargel schmeckt die Quiche zu fast jeder Jahreszeit. Den Teig packen wir übrigens zum Kühlen in eine wiederverwertbare Gefrierbox, das spart Plastikfolie, die in den meisten Rezepten zum Einwickeln verwendet wird.

SPITZKOHL-STRUDEL

MIT SCHAFSKÄSE

Für 4 Personen

Zutaten

FÜR DEN TEIG:

250g Mehl (Type 405 oder 550) + Mehl zum Arbeiten
Salz
3EL Pflanzenöl + etwas mehr zum Arbeiten

FÜR DIE FÜLLUNG:

1 kleiner Spitzkohl (ca. 750g)
1 Stange Lauch
2 Möhren
1EL Pflanzenöl
Salz - Pfeffer
frisch geriebene Muskatnuss
200g vegetarischer Schafskäse (siehe Seite 136)
50g Butter
3EL Paniermehl
1-2EL Sesam

So geht's

1 Für den Teig Mehl mit ½ TL Salz, Öl und 120ml lauwarmem Wasser in eine Rührschüssel geben und mit den Händen zu einem geschmeidigen Teig verkneten. Auf der mehlierten Arbeitsplatte kurz weiterkneten, dabei den Teig immer wieder auf die Platte schlagen. Mit leicht eingeölten Händen zu einer Kugel formen, in die Schüssel legen und mit einem Deckel abgedeckt ca. 30 Minuten ruhen lassen.

2 Inzwischen für die Füllung den Kohl putzen, waschen, vierteln und in schmalen Streifen vom Strunk schneiden. Den Lauch putzen, längs halbieren, gut waschen und in schmale Scheiben schneiden. Die Möhren putzen, schälen, längs halbieren und in schmale Scheiben schneiden. Öl in einer großen Pfanne erhitzen. Das Gemüse darin unter Wenden ca. 10 Minuten andünsten. Mit Salz, Pfeffer und Muskatnuss kräftig abschmecken. Eventuelle Flüssigkeit abgießen. Den Käse zum Gemüse bröckeln und unterheben.

3 Den Backofen auf 200 °C Ober-/Unterhitze (175 °C Umluft) vorheizen. Ein Backblech mit Backpapier belegen. Die Butter in einem kleinen Topf schmelzen. Den Teig auf einem bemehlten, sauberen Küchentuch zu einem Rechteck ausrollen. Mit bemehlten Händen unter den Teig greifen und ihn vorsichtig dünn ausziehen, sodass ein ca. 45 x 60cm großes Rechteck entsteht. Den Teig mit etwas Butter einpinseln und im unteren Drittel der Länge nach mit Paniermehl bestreuen. Die Füllung auf dem Paniermehlstreifen verteilen. Teig von der belegten Seite aus mit Hilfe des Tuches aufrollen und mithilfe des Tuchs auf das Blech heben. Teigenden nach unten einschlagen. Strudel mit übriger Butter einpinseln und mit Sesam bestreuen. Im heißen Ofen (Mitte) 30–35 Minuten goldbraun backen. Warm oder kalt servieren. Dazu schmeckt ein Kräuterquark.

EIN GUTER GRUND, STRUDELTEIG SELBST ZU MACHEN: Wer selbst knetet, weiß, was drin ist, und spart sich die (Plastik-)Verpackung. Und einfacher geht es wirklich kaum: Nur 3 Zutaten plus Wasser, ein bisschen Geduld – und schon ist der Teig fertig.

KARTOFFEL-KÜRBIS-FLAMMKUCHEN

Für 4 Personen

Zutaten

FÜR DEN TEIG:

250g Dinkelvollkornmehl
150g Mehl (Type 405 oder 550) + Mehl zum Arbeiten
4EL Pflanzenöl
Salz
125ml Buttermilch

FÜR DEN BELAG:

200g Magerquark
100g Crème fraîche
1 Eigelb (Größe M)
Salz - Pfeffer
frisch geriebene Muskatnuss
¼ Hokkaido-Kürbis
2 festkochende Kartoffeln
4-5 Zweige Thymian
25g Feldsalat

So geht's

1 Den Backofen samt Backblech auf 250 °C Ober-/Unterhitze (225 °C Umluft) vorheizen. Das Mehl mit Öl, 1 gehäuften TL Salz, 120ml Wasser und Buttermilch in eine Rührschüssel geben und in ca. 5 Minuten zu einem geschmeidigen Teig verkneten. Den Teig mit einem Tuch abgedeckt ca. 5 Minuten ruhen lassen.

2 Für den Belag den Quark mit Crème fraîche und Eigelb glatt rühren. Mit Salz, Pfeffer und etwas Muskatnuss würzen. Den Kürbis entkernen, waschen und in sehr dünne Scheiben hobeln oder schneiden. Die Kartoffeln schälen, waschen und ebenfalls in sehr dünne Scheiben hobeln oder schneiden. Den Thymian waschen, trocken schütteln und die Blättchen von den Stielen zupfen.

3 Den Teig vierteln und nacheinander auf leicht bemehltem Backpapier ca. 3mm dünn ausrollen (übrigen Teig bis zum Ausrollen abgedeckt lassen!). Mit je einem Viertel der Creme bestreichen und mit Thymian bestreuen. Mit je einem Viertel Kürbis- und Kartoffelscheiben belegen. Die Flammkuchen samt Backpapier nacheinander auf das heiße Blech ziehen und im heißen Ofen (Mitte) jeweils 12–13 Minuten backen.

4 Inzwischen den Feldsalat waschen und trocken schleudern. Die Flammkuchen in Stücke schneiden, mit dem Salat bestreuen und sofort servieren.

HERZHAFTE

GEMÜSEGALETTE

MIT SCHAFSKÄSE

Für 4 Personen

Zutaten

FÜR DEN TEIG:

200g Dinkelvollkornmehl
Salz
1TL gehackter Thymian
100g Butter

FÜR DEN BELAG:

ca. 290g gegrillte rote und gelbe Paprika (aus dem Glas)
200g Kirschtomaten
2EL Vollkorn-Paniermehl
200g vegetarischer Schafskäse (siehe Seite 136)
75g Rucola
Salz - Pfeffer

So geht's

1 Den Backofen auf 200 °C Ober-/Unterhitze (180 °C Umluft) vorheizen. Das Mehl mit ½ TL Salz und Thymian in einer Rührschüssel mischen. Die Butter mit 75ml Wasser in einem kleinen Topf aufkochen, dann zur Mehlmischung gießen und erst mit einem Löffel, dann mit den Händen zu einem glatten Teig verkneten. Den Teig auf einem Bogen Backpapier zu einem Kreis (ca. 30cm Ø) ausrollen. Samt Backpapier auf ein Backblech ziehen.

2 Die Paprika abgießen, gut abtropfen lassen und trocken tupfen. Die Tomaten waschen. Den Teig gleichmäßig mit Paniermehl bestreuen, dabei rundherum ca. 5cm Rand frei lassen. Den Käse trocken tupfen. Den mit Paniermehl bestreuten Teil des Teiges mit Paprika und Tomaten belegen. Den Käse darüber bröckeln. Die Teigränder so nach innen klappen, dass sie gerade so den Rand der Füllung berühren, leicht festdrücken. Die Galette im heißen Ofen (Mitte) ca. 35 Minuten goldbraun backen.

3 Inzwischen den Rucola waschen, trocken schleudern und grobe Stiele entfernen. Die Galette mit etwas Salz und Pfeffer würzen, in Stücke schneiden und, mit Rucola bestreut, servieren.

SÜSSSPEISEN UND DESSERTS

ROTE-GRÜTZE-PUDDING

Für 4 Personen

Zutaten

1 kg gemischte Beeren (z. B. Him-, Brom-, Johannis-, Erd- und Heidelbeeren, alternativ TK-Beerenmischung oder ensteinte TK-Sauerkirschen)
250 ml Johannisbeernektar
120 g Zucker
20 g Agar-Agar
15 Löffelbiskuits (Fertigprodukt)
200 g Dickmilch
1 Pck. Vanillezucker
200 g Sahne

So geht's

1 Die Beeren verlesen, vorsichtig abbrausen und in einem Sieb abtropfen lassen. Vohandene Stiele, Kelchblätter entfernen, große Erdbeeren in Stücke schneiden (TK-Früchte in einem Sieb auftauen und abtropfen lassen; die Kirschen halbieren). Den Johannisbeernektar mit 80 g Zucker und Agar-Agar in einem großen Topf unter Rühren erhitzen. Einmal aufkochen und 2 Minuten sprudelnd kochen lassen. Dann die Früchte zugeben und noch einmal kurz aufkochen lassen. Leicht abkühlen lassen, aber aufpassen, dass die Masse nicht zu schnell geliert.

2 Eine Kastenform (1 l Inhalt) mit Frischhaltefolie so auslegen, dass die Folie in Länge der Form an den schmäleren Enden überlappt. 10 Löffelbiskuits mit Abstand zueinander an den Längsseiten der Form aufrecht hinstellen. Die Hälfte der Beerenmasse hineingeben. Übrige 5 Biskuits halbieren und gleichmäßig auf der Masse verteilen. Übrige Beeren einfüllen und die Folie darüber schlagen. So zugedeckt über Nacht für 12 Stunden im Kühlschrank fest werden und durchziehen lassen.

3 Am nächsten Tag den Beerenpudding mithilfe der Folie aus der Form heben und auf eine Platte setzten. Die Dickmilch mit übrigem Zucker (40 g) und Vanillezucker verrühren. Die Sahne mit den Schneebesen des Handrührgeräts auf-, aber nicht vollständig steif schlagen und unterheben. Den Rote-Grütze-Pudding in Scheiben schneiden und mit der Creme servieren.

EIN GUTER GRUND, AGAR AGAR ZU KENNEN: Gelatine, die aus Haut und Knochen von Tieren gewonnen wird, ist für Vegetarier tabu. Für Pudding und Süßspeisen, die fest werden sollen, ist Agar Agar eine ähnlich gut gelierende, pflanzliche Alternative. Das weißliche Pulver wird aus Algen gewonnen und muss ähnlich wie Gelatine erhitzt bzw. kurz gekocht werden. Um sicher zu gehen, dass es lange genug gekocht hat, solltest du, ähnlich wie bei der Zubereitung von Marmelade, einen „Geliertest“ machen. Dafür ein, zwei Tropfen der mit Agar Agar gebundenen, gekochten Flüssigkeit auf einen kalten Teller geben und diesen hin- und herdrehen. Wird der Tropfen schnell fest und fließt nicht davon, ist die Masse fertig, ansonsten einfach noch etwas länger kochen.

SCHNELLER BEEREN-COUSCOUS

Für 4 Personen

Zutaten

200ml Milch
1 Pck. Vanillezucker
250g Vollkorn-Couscous
250g Erdbeeren
200g Heidelbeeren
250g Vanillequark (Fertigprodukt)
4TL Ahornsirup

So geht's

1 Die Milch mit 200ml Wasser und dem Vanillezucker in einem Topf aufkochen. Den Couscous einrühren, aufkochen und vom Herd nehmen. Zugedeckt ca. 5 Minuten ziehen lassen.

2 Inzwischen die Beeren abbrausen, trocken tupfen und verlesen. Die Erdbeeren putzen und je nach Größe halbieren oder vierteln.

3 Den fertigen Couscous mit einer Gabel auflockern und auf 4 tiefe Teller oder Schälchen verteilen. Je einen Klecks Quark darauf geben und die Beeren darüber verteilen. Mit je 1TL Ahornsirup beträufeln. Den übrigen Quark extra dazu servieren.

EIN GUTER GRUND, ZU TK-BEEREN ZU GREIFEN:

Außerhalb der Beerensaison ist Tiefkühlware eine gute Wahl. Trotz des Energieverbrauchs durch das Einfrieren haben sie eine bessere Klimabilanz als die von weit her transportierten oder in Gewächshäusern angebauten Beeren, die dann im Handel erhältlich sind. Noch besser: Den Couscous mit saisonalem Obst zubereiten. Im Frühlings schmeckt z.B. gedünsteter Rhabarber, im Sommer Kirschen, Aprikosen oder Pfirsiche, im Herbst Pflaumen, Birnen oder Äpfel und im Winter selbstgemachtes Apfelmus oder spanische Bio-Orangen.

APFEL-BROT-AUFLAUF

Für 4 Personen

Zutaten

200g altbackenes Weißbrot
50g Butter
200g Zucker
3 Äpfel
3 Eier (Größe M)
150ml Milch
120g Sahne
2EL Rum (nach Belieben)
½TL gemahlener Zimt
2EL Rosinen

So geht's

1 Das Brot in ca. 1,5cm große Würfel schneiden. Die Butter in einer beschichteten Pfanne schmelzen lassen und das Brot darin unter Rühren goldbraun anrösten, dann aus der Pfanne nehmen und abkühlen lassen.

2 In einer kleinen, beschichteten Pfanne 4EL Zucker schmelzen und goldgelb karamellisieren lassen, dann vorsichtig 4EL Wasser zugeben (Achtung, es zischt und spritzt eventuell!). Den Karamell vollständig vom Pfannenboden loskochen und zügig auf den Boden der Kastenform (1 ½ l Inhalt) gießen.

3 Die Äpfel schälen und vierteln, das Kerngehäuse entfernen und die Viertel in kleine Stücke schneiden. Gerade soviel davon in die Form auf den Karamell geben, dass der Boden gut bedeckt ist. Eier, Milch, Sahne, nach Belieben Rum, Zimt und übrigen Zucker gründlich mit dem Schneebesen verrühren. Brot, übrige Apfelstücke und Rosinen untermischen, 5 Minuten ziehen lassen, dann in die Form füllen.

4 Währenddessen den Backofen auf 180 °C (Ober-/Unterhitze) vorheizen. Die Kastenform in einen großen Bräter oder in ein tiefes Blech stellen und soviel heißes Wasser in das Blech oder den Bräter gießen, dass die Form zu etwa zwei Dritteln im Wasser steht. In den heißen Ofen (unten) schieben und ca. 45 Minuten garen, bis die Eiermasse vollständig gestockt und der Auflauf goldbraun ist.

5 Herausnehmen und im Wasserbad noch ca. 30 Minuten ruhen lassen. Dann die Kastenform herausnehmen und den Auflauf auf eine Platte stürzen. Noch warm, am besten mit Vanilleeis oder Vanillesauce, servieren.

KIRSCH-NUSS-CLAFOUTIS

Für 4 Personen

Zutaten

600g Süßkirschen
50g Butter
½ Vanilleschote
4 Eier (Größe M)
2Msp. gemahlener Zimt
120g Zucker
100g Mehl (Type 405 oder 550)
60g gemahlene Haselnusskerne
100g Sahne
150ml Milch
2EL Kirschwasser (nach Belieben)

So geht's

1 Die Kirschen waschen, entstielen und nach Wunsch entsteinen. Die Butter schmelzen und eine ofenfeste Auflauf- oder Pieform (ca. 26 cm Ø) dünn mit etwas Butter einpinseln. Übrige Butter beiseitestellen. Die Vanilleschote mit einem spitzen Messer längs einritzen und das Mark herauskratzen.

2 Den Backofen auf 180 °C (Ober-/Unterhitze) vorheizen. Vanillemark, Eier und Zimt mit den Schneebesen des Handrührgeräts cremig-weiß aufschlagen, dabei nach und nach 100 g Zucker einrieseln lassen. Dann zunächst Mehl und gemahlene Haselnüsse, danach Sahne, Milch und nach Belieben Kirschwasser sowie die flüssige Butter unterrühren. Den Teig in die gefettete Form geben, die Kirschen darauf verteilen und leicht eindrücken.

3 Den Clafoutis im heißen Ofen (Mitte) ca. 45 Minuten backen. Sobald die Oberfläche nach. ca. 10 Minuten beginnt fest zu werden, den übrigen Zucker aufstreuen. Der Clafoutis sollte am Ende goldgelb gebacken, aber noch leicht feucht in der Mitte sein. Herausnehmen, 15–20 Minuten abkühlen lassen und lauwarm servieren.

EIN GUTER GRUND, CLAFOUTIS ZU BACKEN:
Die Zutaten sind einfach und preiswert und das Ergebnis lieben alle – vor allem, weil es sich immer wieder neu variieren lässt: Je nach Saison passt auch anderes Obst, z.B. in Stücke geschnittener Rhabarber, Aprikosen, Äpfel, Birnen oder ganze, entsteinte Mirabellen.

BIRNEN-
GRIESS-AUFLAUF

Für 4 Personen

Zutaten

2 feste Birnen
2TL Zitronensaft
75g Marzipan-Rohmasse
500ml Milch (alternativ Haferdrink)
Salz
120g Dinkelvollkorngrieß
2 Eier (Größe M)
50g Zucker
250g Magerquark (alternativ Soja-Alternative zu Quark)
50g gelierte Preiselbeeren (aus dem Glas)
50g Haselnussblättchen

So geht's

1 Die Birnen schälen, vierteln, entkernen, würfeln und mit Zitronensaft beträufeln. Das Marzipan grob raspeln.

2 Den Backofen auf 200 °C Ober-/Unterhitze (180 °C Umluft) vorheizen. Die Milch oder den Haferdrink mit 1 Prise Salz aufkochen. Den Grieß einrühren, ca. 1 Minute köcheln lassen, dann vom Herd nehmen und ca. 5 Minuten quellen lassen.

3 Inzwischen die Eier trennen. Das Eiweiß in eine Rührschüssel geben und mit den Schneebesen des Handrührgerätes steif schlagen. Die Eigelbe mit Zucker in eine zweite Rührschüssel geben und mit den Schneebesen des Handrührgerätes ca. 5 Minuten aufschlagen. Marzipan und Quark unterrühren. Den Grießbrei esslöffelweise zugeben und unterrühren. Erst den Eischnee, dann die Birnen unterheben.

4 Die Masse in eine Auflaufform (ca. 28 x 18cm; 2l Inhalt) füllen. Die Preiselbeeren in Klecksen darauf verteilen. Den Auflauf im heißen Ofen (Mitte) 45–50 Minuten backen. Ca. 10 Minuten vor Ende der Backzeit mit den Haselnussblättchen bestreuen. Den Auflauf warm servieren. Dazu schmeckt z.B. ein Klecks Vanillejoghurt wunderbar.

EIN GUTER GRUND, MILCH UND MILCHPRODUKTE ÖFTERS MAL ZU ERSETZEN: Ein großer Teil der durch die Ernährung verursachten Treibhausgase geht auf die Tierhaltung zurück. Besonders Kühe sind hier ein schwerwiegender Faktor, da sie besonders viel des Treibhausgases Methan ausstoßen. Das fällt natürlich nicht nur bei der Erzeugung von Fleisch an, sondern auch bei Milchvieh. Es lohnt sich daher, öfters mal auf pflanzliche Alternativen umzusteigen. Besonders empfehlenswert in Sachen Klima sind Haferdrink und Sojadrink sowie Produkte daraus, die bei Vergleichen pflanzlicher Alternativen zu Milch und Milchprodukten am besten abgeschnitten haben.

LE CREUS

BANANA **BREAD**

Für 4 Personen

Zutaten

Fett und brauner Zucker für die Form
250g Dinkelvollkornmehl
25g gemahlene Mandeln
½ Pck. Backpulver
½ TL gemahlener Zimt
½ TL gemahlener Ingwer
Salz
75g Walnusskerne
3 sehr reife Bananen (ca. 600g Fruchtfleisch)
2 Eier (Größe M)
100g brauner Zucker
75ml Pflanzenöl
175ml Buttermilch

So geht's

1 Den Backofen auf 175 °C Ober-/Unterhitze (150 °C Umluft) vorheizen. Eine Kastenform (25cm Länge) einfetten und dünn mit braunem Zucker ausstreuen. Das Mehl mit den Mandeln, dem Backpulver, Zimt und Ingwer sowie 1 Prise Salz in einer Rührschüssel mischen. Die Walnüsse grob hacken. Die Bananen schälen, in Stücke schneiden und mit einer Gabel zerdrücken.

2 In einer zweiten Rührschüssel die Eier mit Zucker und Öl mit den Schneebesen des Handrührgerätes ca. 5 Minuten aufschlagen. Die Mehlmischung im Wechsel mit der Buttermilch kurz unterrühren, sodass die Zutaten gerade eben verbunden sind. Die Walnüsse zugeben und unterheben.

3 Den Teig in die vorbereitete Form füllen und im heißen Ofen (Mitte) ca. 1 Stunde backen. Das Brot aus dem Ofen nehmen, ca. 15 Minuten in der Form abkühlen lassen, dann auf ein Kuchengitter stürzen und auskühlen lassen.

EIN GUTER GRUND, BRAUNE BANANEN EINZUFRIEREN:

Bananenbrot ist perfekt, um braune Bananen vor dem Müll zu retten. Hast du braune Bananen, aber keine Zeit oder Lust zu backen? Dann friere sie einfach geschält und zerdrückt oder in Scheiben geschnitten in einer Vorratsdose ein. Am besten vorher abwiegen und das Gewicht auf die Dose schreiben. So kannst du die Bananen sammeln, bis du genügend für das Bananenbrot zusammen hast. Oder die gefrorenen Früchte zu Nicecream verarbeiten. Dafür ca. 5 Minuten antauen lassen, dann in einem leistungsstarken Standmixer zu cremigem „Eis" mixen. Nach Belieben noch Schokostücke unterheben.

REGISTER

A

Apfel
Apfel-Brot-Auflauf 178
Kohlrabischnitzel mit Waldorfsalat 110
Aprikosen (getrocknet)
Guten-Morgen-Granola 30
Aubergine
Auberginen-Shakshuka 140
Bunte Chickpea-Pasta mit Gemüsesauce 130
Halloumi-Aubergine-Burger 62
Austernpilze
Pilz-Kürbis-Geschnetzeltes mit Polentasticks 112
Avocado
Frühlings-Kartoffelsalat 78
Tofu-Avocado-Sandwich 46

B

Baguette
Ofen-Baguettes mit Salat 58
Sommer-Brotsalat 80
Banane
Banana Bread 184
Future-Kids-Smoothie 36
Grüner Smoothie 36
Beeren
Rote-Grütze-Pudding 174
Schneller Beeren-Couscous 176
Birnen-Grieß-Auflauf 182
Blumenkohl
Blumenkohl-Döner 60
Blumenkohl-Mac'n'Cheese 154
Indischer Blumenkohl-Burger 67
Bohnen (grüne)
Bunte Bohnensuppe mit Pesto 96
Bohnen (weiße)
Bunte Bohnensuppe mit Pesto 96
Sommer-Brotsalat 80
Borschtsch, Veggie- 100
Brokkoli
Nudeln mit Brokkoli-Pesto 134
Brombeeren
Rote-Grütze-Pudding 174
Brot
Apfel-Brot-Auflauf 178
Nussiges Vollkornbrot 42
Sommer-Brotsalat 80
Brötchen (Burger-Buns)
Halloumi-Aubergine-Burger 62
Indischer Blumenkohl-Burger 67
Brötchen (Vollkorn-)
Sandwich mit Möhren-Frischkäse 47
Tofu-Avocado-Sandwich 46
Buchweizen
Veggie-Borschtsch mit Buchweizen 100
Burger
Halloumi-Aubergine-Burger 62
Indischer Blumenkohl-Burger 67
Kichererbsen-Burger-Pattys 66
Linsenburger-Pattys 66

C

Champignons
Kichererbsen-Omelett 50
Kokos-Curry-Ramen mit Ei 98
Veggie Fried Noodles mit Sojaschnetzel 138
Chili-sin-Carne-Eintopf mit Käse-Tortilla 102
Chinakohl-Rouladen mit Couscous 122
Clafoutis, Kirsch-Nuss- 180
Couscous
Chinakohl-Rouladen mit Couscous 122
Schneller Beeren-Couscous 176
Curry, Steckrüben-Kichererbsen- 104

D

Dal mit Zimt-Tomaten 106
Datteln
Grüner Smoothie 36
Dinkelrisotto mit Spinat 142
Döner, Blumenkohl- 60
Dutch Baby – Ofen-Pfannkuchen mit Spinat 152

E

Endivien-Stamppot mit Senf-Spiegelei 114
Erbsen
Erbsencreme mit Minze 41
Frühlings-Kartoffelsalat 78
Grüne Erbsen-Pancakes mit Kräuterquark 121
Spaghetti alla Veggie-Carbonara 134
Erdbeeren
Rote-Grütze-Pudding 174
Schneller Beeren-Couscous 176
Erdnussmus
Grüner Smoothie 36
Nasi Goreng 144

F

Feigen
Himbeer-Sesam-Shake 37
Feldsalat
Herbstsalat mit Kürbis 82
Kartoffel-Kürbis-Flammkuchen 168
Fenchel
Bunte Bohnensuppe mit Pesto 96
Gemüsebrühe-Vorrat 97
Mini-Gemüse-Tortilla 74
Warmer Winter-Gemüsesalat 84
Filoteig
Zucchini-Lauch-Pastete 162
Flammkuchen, Kartoffel-Kürbis- 168
Frischkäse
Sandwich mit Möhren-Frischkäse 47
Frischkäse (körniger)
Hirseauflauf mit Spinat und Kirschtomaten 158
Frühlingszwiebeln
Chili-sin-Carne-Eintopf mit Käse-Tortilla 102
Dutch Baby – Ofen-Pfannkuchen mit Spinat 152
Fruchtiger Linsensalat mit Schafskäse 88
Italienische Lauch-Fritter mit Tomatensalsa 120
Kichererbsen-Omelett 50
Kichererbsen-Wraps 54
Kokos-Curry-Ramen mit Ei 98
Kürbis-Kräuter-Kuchen 160
Ofen-Baguettes mit Salat 58
Roter Glasnudelsalat mit Omelett 86
Saftiges Tofu-Rührei 51
Veggie Fried Noodles mit Sojaschnetzel 138

G

Gemüsebrühe-Vorrat 97
Gemüsegalette mit Schafskäse 170

Getreideflocken
Guten-Morgen-Granola 30
Glasnudeln
Roter Glasnudelsalat mit Omelett 86
Granola, Guten-Morgen- 30
Grapefruit
Grüner Smoothie 36
Grieß (Dinkelvollkorn-)
Birnen-Grieß-Auflauf 182
Grünkohl
Grüner Smoothie 36
Nudeln mit Brokkoli-Pesto 134
Gurke
Eier-Sandwich 46
Kichererbsen-Puffer mit Zaziki 120

H

Haferflocken
Himbeer-Sesam-Shake 37
Linsenburger-Pattys 66
Porridge mit Pfirsichkompott 32
Halloumi
Halloumi-Aubergine-Burger 62
Heidelbeeren
Rote-Grütze-Pudding 174
Schneller Beeren-Couscous 176
Himbeeren
Himbeer-Sesam-Shake 37
Rote-Grütze-Pudding 174
Hirseauflauf mit Spinat und Kirschtomaten 158
Hummus 40

J

Johannisbeeren
Rote-Grütze-Pudding 174

K

Kala Namak
Kichererbsen-Omelett 50
Saftiges Tofu-Rührei 51
Kartoffeln
Endivien-Stamppot mit Senf-Spiegelei 114
Frühlings-Kartoffelsalat 78
Indische Ofen-Kartoffeln 128
Indischer Blumenkohl-Burger 67
Kartoffel-Kürbis-Flammkuchen 168
Lauchsuppe mit Nuss-Croûtons 92
Mini-Gemüse-Tortilla 74
Vegan Shepherd's Pie 150
Käse
Berkäse
Käse-Tomaten-Omelett 50
Cheddar
Tex-Mex-Ofen-Süßkartoffel 126
Emmentaler
Ofen-Baguettes mit Salat 58
Gouda
Chili-sin-Carne-Eintopf mit Käse-Tortilla 102
Hirseauflauf mit Spinat und Kirschtomaten 158
Kürbis-Kräuter-Kuchen 160
Tex-Mex-Ofen-Süßkartoffel 126
Gratinkäse
Blumenkohl-Mac'n'Cheese 154
Mozzarella
Caprese-Toast 56
Paprika-Quesadillas mit Sour-Cream-Dip 70
Spinatlasagne 156
Warmer Winter-Gemüsesalat 84
Parmesan (vegetarischer)
Bunte Bohnensuppe mit Pesto 96
Bunte Chickpea-Pasta mit Gemüsesauce 130
Dinkelrisotto mit Spinat 142
Dutch Baby – Ofen-Pfannkuchen mit Spinat 152
Linsenbolognese mit Walnüssen 136
Mangoldquiche 164
Nudeln mit Brokkoli-Pesto 134
Spaghetti alla Veggie-Carbonara 134
Spinatlasagne 156
Schafskäse (vegetarischer)
Fruchtiger Linsensalat mit Schafskäse 88
Herzhafte Gemüsegalette mit Schafskäse 170
Roasted Carrots mit Schafskäse und Sesamsauce 124
Spitzkohl-Strudel mit Schafskäse 166
Kichererbsen
Hummus 40
Indische Ofen-Kartoffeln 128
Kichererbsen-Burger-Pattys 66
Kichererbsen-Puffer mit Zaziki 120
Kichererbsen-Wraps 54
Steckrüben-Kichererbsen-Curry 104
Kichererbsenmehl
Kichererbsen-Omelett 50
Kichererbsenspirelli
Bunte Chickpea-Pasta mit Gemüsesauce 130
Kidneybohnen
Chili-sin-Carne-Eintopf mit Käse-Tortilla 102
Tex-Mex-Ofen-Süßkartoffel 126
Kirschen
Kirsch-Nuss-Clafoutis 180
Rote-Grütze-Pudding 174
Kirsch-Nuss-Clafoutis 180
Kohlrabischnitzel mit Waldorfsalat 110
Kokosmilch
Dal mit Zimt-Tomaten 106
Kokos-Curry-Ramen mit Ei 98
Nasi Goreng 144
Kokosraspel
Guten-Morgen-Granola 30
Kopfsalat
Ofen-Baguettes mit Salat 58
Kürbis
Herbstsalat mit Kürbis 82
Kartoffel-Kürbis-Flammkuchen 168
Kürbis-Kräuter-Kuchen 160
Ofenrisotto mit Kürbis und Räuchertofu 148
Pilz-Kürbis-Geschnetzeltes mit Polentasticks 112

L

Lasagne, Spinat- 156
Lauch
Gemüsebrühe-Vorrat 97
Hirseauflauf mit Spinat und Kirschtomaten 158
Indische Linsencreme 40
Italienische Lauch-Fritter mit Tomatensalsa 120
Lauchsuppe mit Nuss-Croûtons 92
Linsenbolognese mit Walnüssen 136
Nasi Goreng 144
Spitzkohl-Strudel mit Schafskäse 166
Vegan Shepherd's Pie 150
Veggie Fried Noodles mit Sojaschnetzel 138
Zucchini-Lauch-Pastete 162
Leinsamen
Guten-Morgen-Granola 30
Leinsamenmehl
Kichererbsen-Omelett 50
Linsen
Dal mit Zimt-Tomaten 106

Fruchtiger Linsensalat mit Schafskäse 88
Herbstsalat mit Kürbis 82
Indische Linsencreme 40
Linsenbolognese mit Walnüssen 136
Linsenburger-Pattys 66
Vegan Shepherd's Pie 150
Löffelbiskuits
Rote-Grütze-Pudding 174

M

Mac'n'Cheese, Blumenkohl- 154
Mais
Chili-sin-Carne-Eintopf mit Käse-Tortilla 102
Ofen-Baguettes mit Salat 58
Paprika-Quesadillas mit Sour-Cream-Dip 70
Tex-Mex-Ofen-Süßkartoffel 126
Mangold
Kokos-Curry-Ramen mit Ei 98
Mangoldquiche 164
Marzipan
Birnen-Grieß-Auflauf 182
Mascarpone
Erbsencreme mit Minze 41
Möhren
Bunte Bohnensuppe mit Pesto 96
Dinkelrisotto mit Spinat 142
Frühlings-Kartoffelsalat 78
Gemüsebrühe-Vorrat 97
Linsenbolognese mit Walnüssen 136
Mini-Gemüse-Tortilla 74
Möhrensuppe mit Harissa-Nüssen 93
Pilz-Schmortopf à la Bourguignon mit Polenta 116
Roasted Carrots mit Schafskäse und Sesamsauce 124
Roter Glasnudelsalat mit Omelett 86
Sandwich mit Möhren-Frischkäse 47
Spitzkohl-Strudel mit Schafskäse 166
Steckrüben-Kichererbsen- 104
Vegan Shepherd's Pie 150
Veggie-Borschtsch mit Buchweizen 100
Veggie Fried Noodles mit Sojaschnetzel 138
Warmer Winter-Gemüsesalat 84
Müsli, selbstgemacht
Guten-Morgen-Granola 30

N

Nasi Goreng 144
Nicecream
Banana Bread (Tipp) 184
Nudeln
Blumenkohl-Mac'n'Cheese 154
Bunte Bohnensuppe mit Pesto 96
Bunte Chickpea-Pasta mit Gemüsesauce 130
Kokos-Curry-Ramen mit Ei 98
Linsenbolognese mit Walnüssen 136
Nudeln mit Brokkoli-Pesto 134
Penne mit Tomaten-Rahmsauce und Walnüssen 135
Spaghetti alla Veggie-Carbonara 134
Spinatlasagne 156
Veggie Fried Noodles mit Sojaschnetzel 138
Nüsse
Nussiges Vollkornbrot 42

O

Oliven
Sommer-Brotsalat 80
Omelett, Käse-Tomaten- 50
Omelett, Kichererbsen- 50
Orangen
Fruchtiger Linsensalat mit Schafskäse 88
Paprika-Quesadillas mit Sour-Cream-Dip 70
Penne mit Tomaten-Rahmsauce und Walnüssen 135
Porridge mit Pfirsichkompott 32

P

Pak Choi
Kokos-Curry-Ramen mit Ei 98
Nasi Goreng 144
Pancakes, Erbsen- 121
Paprika
Bunte Chickpea-Pasta mit Gemüsesauce 130
Chili-Soja-Tacos 68
Mini-Gemüse-Tortilla 74
Nasi Goreng 144
Paprika-Quesadillas mit Sour-Cream-Dip 70
Paprika (Glas)
Chinakohl-Rouladen mit Couscous 122
Herzhafte Gemüsegalette mit Schafskäse 170
Pastinaken
Warmer Winter-Gemüsesalat 84
Penne mit Tomaten-Rahmsauce und Walnüssen 135
Petersilienwurzel
Gemüsebrühe-Vorrat 97
Pfannkuchen, Ofen- 152
Pfirsich
Porridge mit Pfirsichkompott 32
Pilze
Pilz-Kürbis-Geschnetzeltes mit Polentasticks 112
Pilz-Schmortopf à la Bourguignon mit Polenta 116
Pita-Brotfladen
Blumenkohl-Döner 60
Polenta (Maisgrieß)
Pilz-Kürbis-Geschnetzeltes mit Polentasticks 112
Pilz-Schmortopf à la Bourguignon mit Polenta 116
Porridge mit Pfirsichkompott 32
Preiselbeeren (Glas)
Birnen-Grieß-Auflauf 182
Puddingpulver, (Vanille)
Porridge mit Pfirsichkompott 32

Q

Quesadillas mit Paprika und Sour-Cream-Dip 70
Quiche, Mangold- 164
Quinoa
Kichererbsen-Burger-Pattys 66

R

Radicchio
Herbstsalat mit Kürbis 82
Ramen, Kokos-Curry- 98
Räuchertofu
Ofenrisotto mit Kürbis und Räuchertofu 148
Tofu-Avocado-Sandwich 46
Reis
Nasi Goreng 144
Ofenrisotto mit Kürbis und Räuchertofu 148
Ricotta
Spinatlasagne 156
Risotto, Dinkel- 142
Risotto, Ofen- 148
Romanasalat
Blumenkohl-Döner 60
Tex-Mex-Ofen-Süßkartoffel 126
Rosinen
Apfel-Brot-Auflauf 178

Rote Bete
Veggie-Borschtsch mit Buchweizen 100
Warmer Winter-Gemüsesalat 84
Rote-Grütze-Pudding 174
Rotwein
Pilz-Schmortopf à la Bourguignon mit Polenta 116
Rouladen, Chinakohl- 122
Rucola
Halloumi-Aubergine-Burger 62
Herzhafte Gemüsegalette mit Schafskäse 170
Kichererbsen-Wraps 54
Nudeln mit Brokkoli-Pesto 134
Warmer Winter-Gemüsesalat 84
Rührei, Tofu- 51

S

Sandwich
Eier-Sandwich 46
Sandwich mit Möhren-Frischkäse 47
Tofu-Avocado-Sandwich 46
Schnitzel, Kohlrabi- 110
Sellerie
Bunte Bohnensuppe mit Pesto 96
Gemüsebrühe-Vorrat 97
Grüner Smoothie 36
Indische Linsencreme 40
Kohlrabischnitzel mit Waldorfsalat 110
Linsenbolognese mit Walnüssen 136
Roter Glasnudelsalat mit Omelett 86
Selleriesuppe mit gebratenen Pilzen 92
Sommer-Brotsalat 80
Steckrüben-Kichererbsen- 104
Vegan Shepherd's Pie 150
Veggie-Borschtsch mit Buchweizen 100
Sesam
Guten-Morgen-Granola 30
Spitzkohl-Strudel mit Schafskäse 166
Shake, Himbeer-Sesam- 37
Shakshuka, Auberginen- 140
Shepherd's Pie (vegan) 150
Shiitake
Kokos-Curry-Ramen mit Ei 98
Selleriesuppe mit gebratenen Pilzen 92
Smoothie
Future-Kids-Smoothie 36
Grüner Smoothie 36
Sojaschnetzel
Chili-Soja-Tacos 68
Veggie Fried Noodles mit Sojaschnetzel 138
Spaghetti alla Veggie-Carbonara 134
Spargel
Frühlings-Kartoffelsalat 78
Spinat
Dinkelrisotto mit Spinat 142
Dutch Baby – Ofen-Pfannkuchen mit Spinat 152
Grüner Smoothie 36
Hirseauflauf mit Spinat und Kirschtomaten 158
Kokos-Curry-Ramen mit Ei 98
Nudeln mit Brokkoli-Pesto 134
Spinatlasagne 156
Spitzkohl-Strudel mit Schafskäse 166
Stamppot, Endivien- 114
Steckrüben-Kichererbsen-Curry mit Joghurt 104
Steinpilze
Pilz-Schmortopf à la Bourguignon mit Polenta 116
Süßkartoffeln
Tex-Mex-Ofen-Süßkartoffel 126

T

Tacos, Chili-Soja- 68
Tahin
Himbeer-Sesam-Shake 37
Hummus 40
Kichererbsen-Wraps 54
Roasted Carrots mit Schafskäse und Sesamsauce 124
Tex-Mex-Ofen-Süßkartoffel 126
Toastbrot
Caprese-Toast 56
Eier-Sandwich 46
Lauchsuppe mit Nuss-Croûtons 92
Tofu
Saftiges Tofu-Rührei 51
Tomaten
Blumenkohl-Döner 60
Caprese-Toast 56
Chili-Soja-Tacos 68
Dal mit Zimt-Tomaten 106
Gemüsebrühe-Vorrat 97
Halloumi-Aubergine-Burger 62
Herzhafte Gemüsegalette mit Schafskäse 170
Hirseauflauf mit Spinat und Kirschtomaten 158
Indische Ofen-Kartoffeln 128
Indischer Blumenkohl-Burger 67
Italienische Lauch-Fritter mit Tomatensalsa 120
Kichererbsen-Omelett 50
Kichererbsen-Wraps 54
Ofen-Baguettes mit Salat 58
Sommer-Brotsalat 80
Tex-Mex-Ofen-Süßkartoffel 126
Tofu-Avocado-Sandwich 46
Tomaten (Dose)
Auberginen-Shakshuka 140
Bunte Chickpea-Pasta mit Gemüsesauce 130
Chili-sin-Carne-Eintopf mit Käse-Tortilla 102
Linsenbolognese mit Walnüssen 136
Penne mit Tomaten-Rahmsauce und Walnüssen 135
Spinatlasagne 156
Steckrüben-Kichererbsen-Curry 104
Vegan Shepherd's Pie 150
Tomaten (getrocknet)
Italienische Lauch-Fritter mit Tomatensalsa 120
Mangoldquiche 164
Tortilla, Mini-Gemüse- 74
Tortilla-Wraps (Vollkorn-)
Chili-sin-Carne-Eintopf mit Käse-Tortilla 102
Chili-Soja-Tacos 68
Kichererbsen-Wraps 54
Paprika-Quesadillas mit Sour-Cream-Dip 70

W

Weißkohl
Veggie-Borschtsch mit Buchweizen 100
Weißwein
Pilz-Kürbis-Geschnetzeltes mit Polentasticks 112
Wraps, Kichererbsen- 54

Z

Ziegenfrischkäse
Dinkelrisotto mit Spinat 142
Ofenrisotto mit Kürbis und Räuchertofu 148
Zucchini
Bunte Chickpea-Pasta mit Gemüsesauce 130
Caprese-Toast 56
Zucchini-Kroketten mit Joghurt-Dip 72
Zucchini-Lauch-Pastete 162

HILFREICHE LINKS & APPS

www.albert-schweizer-Stiftung.de
Auf der Website der Albert-Schweizer-Stiftung, die sich vor allem für den Schutz von Nutztieren und deren artgerechter Haltung einsetzt, finden sich viele Infos zur Problematik von Nutztierhaltung, auch im Zusammenhang mit Umwelt- und Klimaschutz.

www.bmu.de
Auf der Website des Bundesministerium für Umwelt, Naturschutz und nukleare Sicherheit (BMU) finden sich seriöse und fundierte Informationen zu vielen Nachhaltigkeitsthemen; unter anderem zwei hilfreiche Broschüren:

- Nationales Programm für nachhaltigen Konsum. Broschüre, Stand 01.01.2019
- Wertschätzen statt Wegwerfen. Broschüre, Stand 01.11.2019

www.boell.de
Fast schon zum festen Informationsinventar bezüglich der Problematik von Fleischkonsum, ist der jährlich erscheinende „Fleischatlas" der Heinrich-Böll-Stiftung geworden, der sich kritisch mit Fragen zur Fleischindustrie und Nutztierhaltung auseinandersetzt.

www.nabu.de
Der Naturschutzbund setzt sich in vielfältiger Weise mit dem Schutz von Mensch, Tier und Umwelt ein. Auf seiner Website findet man Artikel und Studien zu vielen Themen auch rund um Ernährung, u.a. die Studie „Vorverpackungen bei Obst und Gemüse", aktualisierte Auflage 2017.

www.nachhaltiger-warenkorb.de
Der „Ratgeber für umweltbewussten und nachhaltigen Konsum" geht auf den von der Bundesregierung 2001 berufenen Rat für Nachhaltige Entwicklung (RNE) zurück. Er bietet einen praxisbezogenen, sehr umfassenden Katalog mit Antworten für nachhaltige Fragen in unterschiedlichsten Lebensbereichen.

APPS

GrünZeit
Die kostenlose App der Verbraucherzentrale Schleswig-Holstein zeigt auf einen Blick, welche Obst- und Gemüsesorten gerade Saison haben. Mit Hilfe eines Ampelsystems werden die Produkte nach sehr geringer bis hoher Klimabelastung eingeteilt und können auch gefiltert und sortiert werden.

Saisonkalender
Als praktischer Einkaufshelfer zeigt die kostenlose App des Bundeszentrums für Ernährung (BZfE) an, welche Obst- und Gemüsesorten zurzeit Saison haben. Dabei wird unterschieden zwischen Produkten aus heimischer Erzeugung und Importware.

Siegelklarheit
Wer wissen will, was sich hinter welchem Siegel verbirgt, ist mit dieser App von der Initiative siegelklarheit.de der Bundesregierung gut beraten. Sie listet die gängigen Label auf und bewertet sie im Hinblick auf Glaubwürdigkeit, Umweltfreundlichkeit und Sozialverträglichkeit mit Smileys und Farbcodes.

NABU Siegel-Check
Mit der App des Naturschutzbundes lässt sich mit einem Ampelsystem auf einen Blick feststellen, wie ökologisch ein Siegel ist. Das schafft Klarheit beim Einkauf.

Klima Kompass
Der CO_2-Rechner für die Hosentasche gibt nach Eingabe verschiedener Daten zum Lebensstil eine Einschätzung zum ökologischen Fußabdruck und zeigt an, wo Sparmöglichkeiten bestehen.

Go Green Challenge
Die App versucht spielerisch eine nachhaltigere Lebensweise zu fördern. Sie erinnert mit Tages- und Wochenaufgaben daran, ökologischer zu handeln und so neue Gewohnheiten für eine bessere Welt im Alltag zu übernehmen.

RegioApp
Sie hilft bei der Suche nach regionalen Lebensmitteln in der Nähe. Über die Umkreissuche lassen sich Direktvermarkter, Lebensmittelhändler, Wochenmärkte, Hofläden, Restaurants und mehr finden, die Produkte aus der Region anbieten bzw. verarbeiten.

Too Good To Go
Food Waste reduzieren und Geld sparen: Die App listet Lebensmittelgeschäfte und Restaurants auf, die übrig gebliebene Lebensmittel und Gerichte zu einem reduzierten Preis anbieten und so vor der Mülltonne retten.

AUTORINNEN & FOTOGRAFIN

Tanja Dusy fühlt sich am wohlsten, wenn es in der Küche rundgeht. Sie schreibt seit 20 Jahren erfolgreich Kochbücher und war lange Zeit als Redakteurin tätig. Als Küchenprofi entwickelt sie Rezepte, die nicht nur verlässlich gelingen, sondern auch das besondere Etwas haben.

Inga Pfannebecker hat ihre Leidenschaft für gutes Essen als freie Food-Journalistin und Kochbuchautorin zum Beruf gemacht. Am liebsten entwickelt die in Amsterdam lebende Ernährungswissenschaftlerin alltagstaugliche Rezepte, in denen sich gesunde Ernährung, neue Trends und Genuss perfekt ergänzen.

Lena Pfetzer ist 23 Jahre alt und freie Fotografin. In ihrem kleinen Studio in der Nähe von Heidelberg dreht sich alles um Food. Neben Fotos für Kochbücher und Firmen betreibt Lena außerdem den schönen Foodblog „Lenaliciously". Dort gibt es vor allem gesunde, einfache und vegane Rezepte.

NOCH MEHR GRÜNE KÜCHE

Eat. Plants. – Heftig vegetarisch
ISBN: 978-3-960**93-500**-1
30,00 € (D) / 30,90 € (A)

Buddha Bowls – Vegetarisch
ISBN: 978-3-960**93-505**-6
12,99 € (D) / 13,40 € (A)

Aromenfeuerwerk – Vegetarisch – Die neue grüne Küche
ISBN: 978-3-960**93-281**-9
34,00 € (D) / 35,00 € (A)

IMPRESSUM

Bibliografische Information der Deutschen Bibliothek.
Die Deutsche Bibliothek verzeichnet diese Publikation in der Deutschen Nationalbibliografie.
Detaillierte bibliografische Daten sind im Internet über http://www.dnb.de/ abrufbar.

EIN BUCH DER EDITION MICHAEL FISCHER

1. Auflage 2020

Cover- und Layoutgestaltung: Michaela Zander
Projektleitung und Lektorat: Marline Ernzer
Satz: Michaela Zander und Julia Happacher

Bildnachweis:
Rezeptfotografie, Aufmacher, S. 27: Lena Pfetzer, Waghäusl
S. 16/17: © BLE – Das Poster (Bestell-Nummer 3488) und das Taschenformat (Bestell-Nummer 3917) sind kostenfrei und bestellbar unter www.ble-medienservice.de. Die App zum Saisonkalender steht kostenfrei zum Download im Appstore von Apple und Google Play zur Verfügung.
S. 20/21: © Europäische Kommission; © Bundesanstalt für Landwirtschaft und Ernährung (BLE); © Bioland e. V.; © Naturland – Verband für ökologischen Landbau e.V.; © Demeter e.V.; © ProVeg e.V.; © TransFair e.V. (Fairtrade Deutschland); © GEPA – The Fair Trade Company; © Rainforest Alliance Certified™; © Marine Stewardship Council; © Aquaculture Stewardship Council (ASC)

Cover: © bosotochka/Shutterstock, © MicroOne/Shutterstock, © Number1411/Shutterstock, © Katsiaryna Pleshakova/Shutterstock, © Photo Boutique/Shutterstock © Vera Serg/Shutterstock, © Ksenia Zvezdina/Shutterstock

Layoutelemente: © noicherrybeans/Shutterstock, © Number1411/Shutterstock, © Photo Boutique/Shutterstock, © Picsfive/Shutterstock, © sathaporn/Shutterstock

Moodbilder: S. 7 oben links: © Markus Spiske/Unsplash; S. 7 oben rechts, S. 18 rechts: © mythja/Shutterstock; S. 7 unten: © Rawpixel.com/Shutterstock; S. 8: © Foto 4440/Shutterstock; S. 11: © Andi Arman/Shutterstock; S. 13: © Baksiabat/Shutterstock, © bosotochka/Shutterstock, © Kite-Kit/Shutterstock, © MicroOne/Shutterstock, © ostudio.ok/Shutterstock, © Katsiaryna Pleshakova/Shutterstock, © Reamolko/Shutterstock, © Vera Serg/Shutterstock, © Ksenia Zvezdina/Shutterstock; S. 14: © Nelli Syrotynska/Shutterstock; S. 15: © Wollertz/Shutterstock; S. 18 links: © Valentina_G/Shutterstock; S. 19: © iprachenko/Shutterstock; S. 22: © Sentelia/Shutterstock; S. 23: © Yulia Khlebnikova/Unsplash; S. 24: © Chzu/Shutterstock; S. 25 links: © Bogdan Sonjachnyj/Shutterstock; S. 25 rechts: © Svetlana Cherruty/Shutterstock; S. 26 links: © Igisheva Maria/Shutterstock; S. 26 rechts: © Natalia Deriabina/Shutterstock

Autoren- und Fotografenfotos: links: © Klaus Maria Einwanger, Mitte und rechts: © privat

ISBN 978-3-96093-708-1

MIX
Papier aus verantwortungsvollen Quellen
FSC www.fsc.org FSC® C145070

Gedruckt bei Polygraf Print, Čapajevova 44, 08001 Prešov, Slowakei

www.emf-verlag.de